Erfolgreiche Einführung neuer Prozessmodelle

Ihr Praxis - Leitfaden!

In diesem Buch werden Sie lernen

- wie die Unternehmensstrategie und Prozessmodelle zusammenhängen,
- was die zentralen Erfolgsfaktoren bei der Einführung neuer Prozessmodelle sind,
- dass das beste Design eines neuen Prozessmodells nichts nutzt, wenn auf den Veränderungsprozess im Unternehmen nicht Bedacht genommen wird
- und viele nützliche Tipps für die Praxis erhalten.

Über die Autoren:

Dr. Alfons Bridi

ist geschäftsführender Gesellschafter einer Unternehmensberatung für Reorganisation, IT Strategie und IT Governance und hat umfangreiche fachliche und organisatorische Erfahrungsschwerpunkte in den Bereichen Strategie und Organisationsentwicklung sowie Veränderungsmanagement. Zum gegenständlichen Thema hat er für Banken, Industrieunternehmen sowie im öffentlichen Sektor Einführungs- und Veränderungsprojekte durchgeführt.

Dipl. Ing. Günther Blaha

ist als Senior Manager in einer Unternehmensberatung tätig, welche sich auf den Finanzdienstleistungssektor spezialisiert hat und hat umfangreiche Erfahrungen in den Bereichen Prozess- und Organisationsberatung sowie der Leitung großer Veränderungsprojekte in Banken.

Erfolgreiche Einführung neuer Prozessmodelle

Ihr Praxis - Leitfaden!

Alfons Bridi
Günther Blaha

Lesehinweis:
Aus Gründen der einfachen Lesbarkeit wird auf geschlechts-
spezifische Unterscheidungen, wie z. B. Mitarbeiter/Innen, etc.
verzichtet. Entsprechende Begriffe gelten daher grundsätzlich
für beide Geschlechter.

Bibliografische Information der
Deutschen Nationalbibliothek
Die deutsche Nationalbibliothek verzeichnet diese
Publikation in der deutschen Nationalbiografie,
detaillierte bibliografische Daten sind im Internet über
http://dnb.dnb.de abrufbar.

© 2014 Dr. Alfons Bridi, Dipl. Ing. Günther Blaha

Herstellung und Verlag: BoD – Books on Demand, Norderstedt

ISBN: 9783734738135

Inhaltsangabe

1 Einleitung

1.1 Über dieses Buch

An der Einführung eines neuen bzw. optimierter Prozessmodells kommt heute realistischer weise kaum ein Unternehmen mehr vorbei. Die Gründe dafür sind vielfältig, die dabei zu bewältigen Problemstellungen nehmen an Komplexität zu und die anfangs angestrebten Ziele und Ergebnisse stellen sich zunehmend weniger ein. Was aber macht den Erfolg dazu aus?

Bücher zu dieser Themenstellung gibt es viele, die meisten geben dem Leser Aufschluss über die theoretischen und methodischen Grundlagen, jedoch fehlen sehr oft die praktischen Anleitungen, wie eine Einführung neuer Prozessmodelle erfolgreich im Unternehmen ablaufen kann. Dies sind der Grund und die Motivation für diesen Praxis Leitfaden.

Daher soll in diesem Buch die zugrundeliegende Theorie nur soweit behandelt werden, als diese für das praktische Verstehen benötigt wird. Sie finden deshalb in diesem Buch viele Anleitungen für die praktische Arbeit, um Ihre Einführung neuer Prozessmodelle sofort und nachhaltig zum Erfolg zu bringen. Anhand dieser Anleitung haben die Autoren Ihre Projekte geleitet und zum Erfolg gebracht.

In diesem Buch werden Sie lernen

- wie die Unternehmensstrategie und Prozessmodelle zusammenhängen,
- was die zentralen Erfolgsfaktoren bei der Einführung neuer Prozessmodelle sind,

- dass das beste Design eines neuen Prozessmodells nichts nutzt, wenn auf den Veränderungsprozess im Unternehmen nicht Bedacht genommen wird.

1.2 Wer sollte dieses Buch lesen

Die Einführung neuer bzw. optimierter Prozessmodelle findet in der modernen Wirtschaft tagtäglich statt. Alle Branchen beschäftigen sich damit eingehend, vom kleinen Betrieb bis zum Großunternehmen.

Organisations- und Personalentwickler, Unternehmens-Strategen, Projektleiter, Business-Analysten, System-Analytiker, Software-Entwickler und Consultants sehen sich mit der Tatsache konfrontiert, ohne Geschäftsprozess Knowhow keine optimalen Projektlösungen zu finden. Die Zusammenarbeit und Kommunikation mit den Fachabteilungen wird immer komplexer und es gilt, mit einem praktikablen Vorgehen und hilfreichen Tools erfolgreich zu sein!

Dazu soll dieser Praxisleitfaden helfen.

2 Was ist ein Prozessmodell?

Ein Prozessmodell ist eine zweckorientierte, nach einer bestimmten Systematik und Darstellungsform erstellte Darstellung von Geschäftsprozessen.

Das Prozessmodell spiegelt die zeitlich-sachlogische Abfolge der betrachteten Geschäftsprozesse und Prozessschritte wider.

Prozessmodelle dienen der Dokumentation, Analyse und Gestaltung von Geschäftsprozessen, als Grundlage für die automatisierte Bearbeitung, d.h. Workflow-Management, sowie zur Unterstützung der Kommunikation über Geschäftsprozesse.

Das Prozessmodell wird geprägt von der verfolgten Unternehmensstrategie, der Governance (Regelwerk und Leitlinien zur Unternehmensführung) sowie der Organisation des Unternehmens. Alle diese vier Dimensionen stehen in einer wechselseitigen Abhängigkeit zueinander und werden voneinander beeinflusst. Aus diesem Grund kann eine Einführung eines neuen Prozessmodells nur dann erfolgreich sein, wenn auch die anderen Dimensionen dabei mit betrachtet werden und im Einklang zueinander bleiben.

3 Was ist ein Geschäftsprozess?

Ein **Geschäftsprozess** ist mehr als nur ein anderer Name für Tätigkeiten und damit mehr als das aneinander Ketten von einzelnen Arbeitsschritten.

Bei geschäftlichen Abläufen steht in der Regel das Abarbeiten von Arbeitsschritten im Vordergrund. Diese werden oft von unterschiedlichen Personen durchgeführt und zudem oft unabhängig vom Gesamtergebnis.

Die Ziele orientieren sich dabei an der Schaffung von Mehrwerten für den Kunden und / oder für das Unternehmen.

Beim Geschäftsprozess stehen daher die Ziele und ihre Erreichung im Vordergrund und nicht das bloße „beschäftigt sein".

Unter einem Geschäftsprozess wird in diesem Praxisleitfaden eine Abfolge von Aktivitäten verstanden,

- die benötigt werden, um einen Kunden- und / oder Unternehmensmehrwert zu schaffen
- die insgesamt beim Kunden (extern oder intern) beginnen und wieder bei ihm enden
- und insgesamt messbare In- und Outputs besitzen.

Die Ergebnisse eines Geschäftsprozesses werden oft als **Output** bezeichnet. Zu jedem Ziel gehört daher mindestens ein Output. Zur Erstellung eines Outputs wird (mindestens) eine Output Erstellung benötigt, die wiederum mindestens eines Inputs (Informationen, Erstellungsregeln etc.) bedarf, um den gewünschten Output zu erzeugen.

Ist das Ziel und der Output eines Geschäftsprozesses festgelegt, so bedarf es noch eines **Auslösers**, um einen Geschäftsprozessdurchlauf zu starten und den erwarteten Output zu erstellen. Ein Auslöser ist z.B. eine Anforderung eines (internen oder externen) „Kunden". Der einzelne Geschäftsprozessdurchlauf wird im folgenden Vorgang genannt.

Die Gesamtheit der Geschäftsprozesse eines Unternehmens wird mit **Prozessmodell** bezeichnet. Die Aufgabe des Prozessmodells ist es im Wesentlichen, einen Überblick über die Geschäftsprozesse zu gewinnen sowie Klarheit in der Abgrenzung der Geschäftsprozesse zu schaffen.

Beispiel: Geschäftsprozess Vertriebsentgelt berechnen (Ablauf Darstellung):

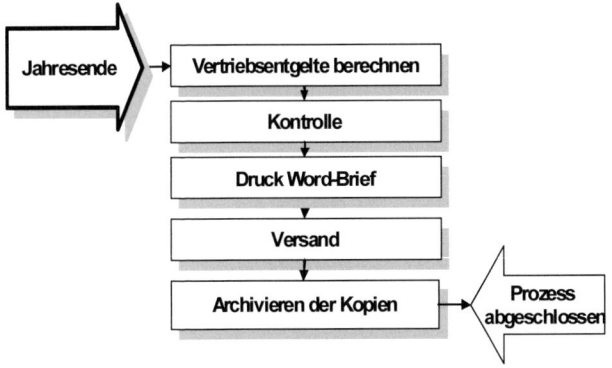

4   Der prozessorientierte Ansatz

Der prozessorientierte Ansatz geht davon aus, dass organisatorisch zusammengehörige Teilaufgaben zu einem Geschäftsprozess zusammengefasst werden, um ein bestimmtes Ereignis zu erreichen. Die Bearbeitung eines

Geschäftsprozesses, beispielsweise die Produktion von Gütern und deren Verkauf, erfolgt integrativ und damit abteilungsübergreifend. Geschäftsprozessmanagement stellt im Gegensatz zur funktionsorientierten Ablauforganisation eine integrative Betrachtungsweise der Abläufe in den Vordergrund. Die erfolgreiche Durchführung der Geschäftsprozesse wird an den Kundenanforderungen („Business Needs") gemessen.

Die Geschäftsprozesse

- strukturieren den Ablauf,
- sind auf die Erfüllung von Kundenanforderungen („Business Needs") ausgerichtet,
- unterstützen eine ständige Verbesserung der Produkt- bzw. Dienstleistungsqualität und -sicherheit,
- definieren Rollen, Aufgaben und Verantwortung der Beteiligten,
- ermöglichen eine einheitliche Arbeitsweise und den Einsatz standardisierter Werkzeuge,
- erleichtern die Zusammenarbeit der verschiedenen Fachbereiche und Arbeitsteams.

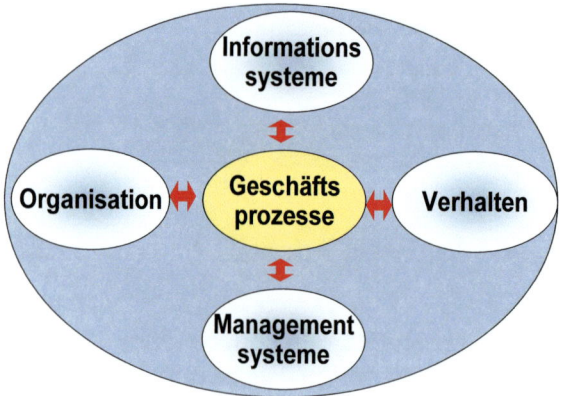

Die Geschäftsprozesse ermöglichen den Mitarbeitern eine selbstständige Arbeit, da die Rollen und Abläufe definiert sind. Zusätzlich geben sie den Führungskräften eine Grundlage für die zielorientierte Mitarbeiterführung. Die Kunden erhalten Führungsinstrumente, um z.B. Produkte oder Dienstleistungen nach ihren Bedürfnissen zu beziehen und zu steuern. Mit dem Einsatz einheitlicher Werkzeuge, kontinuierlicher Verbesserung und Optimierung der Geschäftsprozesse können Wirtschaftlichkeit und Wirksamkeit gesteigert werden.

Ein Geschäftsprozess setzt sich aus unterschiedlichen Teilprozessen zusammen. Diese bilden kein monolithisches Gebilde, das, einmal in Gang gesetzt, wie ein mechanisches Uhrwerk abläuft, denn ständig wechseln die Kundenanforderungen und die Markt- und Umfeld Bedingungen. Das bedeutet ständige Anpassung und Verbesserung der Prozesse.

Richtig geplante Verbesserungen der Geschäftsprozesse führen zur Effizienzsteigerung, vor allem wenn sie mit fortschrittlichen Organisations- und Dienstleistungskonzepten verbunden werden.

5 Geschäftsprozessmanagement und Aufbauorganisation

Die Verbesserung der Wertschöpfung durch Geschäftsprozessmanagement erfordert sowohl eine adäquate Organisationsstruktur als auch eine gemeinsame Sprache der Führungskräfte.

Geschäftsprozesse oftmals auch quer zur Linienorganisation. Die Sicht ist nicht abteilungs- oder bereichsspezifisch, sondern geschäftsablaufbezogen.

Das Linienmanagement ist verantwortlich für die Einführung und Anwendung der Geschäftsprozesse in Ihrem Zuständigkeitsbereich. Ein Linienvorgesetzter führt dabei innerhalb seiner Organisationseinheit folgende Tätigkeiten aus:

- Sicherstellen der Leistungsfähigkeit der Geschäftsprozesse
- Einführen vorgegebener Geschäftsprozess Änderungen; d.h. Ausbildung und Umsetzung
- Mitarbeit beim Messen der Geschäftsprozessleistung und beim Durchführen von Assessments
- Motivieren und Unterstützen der unterstellten Personen zur kontinuierlichen Verbesserung der Geschäftsprozesse.

Das Geschäftsprozessmanagement ist verantwortlich für die unternehmensweite Anwendung und die kontinuierliche Verbesserung der Geschäftsprozesse.

Die Organisation des Geschäftsprozessmanagements wird durch Rollen und ihre Rolleninhaber definiert. Die Anzahl der Rollen muss nicht identisch mit der Anzahl der Rolleninhaber sein. Ein Rolleninhaber kann ein oder mehrere Rollen einnehmen. Für jeden der Kernprozesse wird eine bereichsübergreifende Organisationsstruktur eingesetzt, die für die Pflege und Weiterentwicklung des jeweiligen Geschäftsprozesses verantwortlich ist.

5.1 Geschäftsprozessmanagement zur Steuerung der betrieblichen Abläufe

Geschäftsprozessmanagement bietet die Instrumente zur Steuerung betrieblicher Abläufe. Es geht dabei um die Frage der betrieblichen Führung: Wie bringen wir die Menschen im Unternehmen dazu, gemeinsam nur darauf hinzuarbeiten, die Wünsche unserer Kunden zu erfüllen und den Gewinn unseres Unternehmens zu steigern?

Betrachten Sie das Unternehmen nicht als eine Ansammlung von Abteilungen, die jede für sich versuchen, ihr Bestes zu geben - das Ganze ist nur dann auf dem Markt erfolgreich, wenn alle Kompetenzen und Aufgaben aufeinander abgestimmt dem Kunden nutzen.

Das Bild einer Reihe von Arbeitsstapeln verdeutlicht die Arbeitsweise der funktionalen Organisation. Wir sehen die isolierten Bearbeiter einzelner Aufgaben - sie wollen den Stapel auf ihrem Schreibtisch so schnell und wirtschaftlich wie möglich abarbeiten. Was im Nachbarzimmer vorgeht, ist weniger interessant.

In der Projektpraxis hat sich gezeigt, dass die Leiter von Geschäftsbereichen selbst als Geschäftsprozess Eigner für die Gestaltung der wichtigsten Geschäfts-, Management - und Supportprozesse einzusetzen sind.

Obwohl diese Personalunion von Geschäfts- und Geschäftsprozessverantwortung wegen der damit verbundenen Mehrfachbelastung der Führungskräfte zunächst auf Ablehnung stößt, zeigt sich bald, dass gerade diese Konstellation der Schlüssel zum Unternehmenserfolg ist.

5.2 Geschäftsprozess Eigner

Der Geschäftsprozess Eigner (Process Owner) ist der oberste „Leader" oder „Sponsor" eines Geschäftsprozesses. Er trägt die Verantwortung für das "Funktionieren" des Geschäftsprozesses. Weiters trägt er die Verantwortung für eine vollständige Geschäftsprozessdokumentation seines Geschäftsprozesses und die Abstimmung mit den anderen vor- und nachgelagerten Geschäftsprozessen sowie für die kontinuierliche Verbesserung. Weiters unterstützt dieser die Linienverantwortlichen in der Geschäftsprozessausbildung und unterstützt diese bei der periodische Messung der Geschäftsprozesse und Assessment der Geschäftsprozesse.

Die Geschäftsprozess Eigner bilden im Unternehmen das Team, das für das kontinuierliche Geschäftsprozessmanagement aus gesamtheitlicher und bereichsübergreifender Sicht verantwortlich ist. Bei Bedarf kann pro Geschäftsprozess eine Geschäftsprozessgruppe aufgebaut werden. Diese Gruppe wird vom entsprechenden Geschäftsprozess Eigner geleitet und setzt sich aus Personen mit praktischer Geschäftsprozess Erfahrung zusammen. Diese Unterstützen den Geschäftsprozess Eigner und Arbeiten bei den Einführungs- und Optimierungsprojekten.

5.3 Geschäftsprozessmanager

Der Geschäftsprozessmanager des Unternehmens ist verantwortlich für die unternehmensweite Koordination aller Aktivitäten zur Modellierung und Verbesserung von Geschäftsprozessen und den Einsatz der dabei eingesetzten Methoden. Er berichtet an die Unternehmensleitung.

Weiters ist der Geschäftsprozessmanager verantwortlich für die vollständige Dokumentation aller Geschäftsprozesse, der Ausbildung und Unterstützen der Geschäftsprozess Eigner und dem Bereitstellen der Hilfsmittel für Messung und Assessment der Geschäftsprozesse.

6 Optimierung von Geschäftsprozessen

Auf der Suche nach Möglichkeiten und Ansatzpunkten zur Verbesserung der Effizienz und Effektivität von Geschäftsprozessen führen Unternehmen mit steigender Tendenz kritische Überprüfungen, die sogenannten „Geschäftsprozess Analysen" durch.

In der Geschäftsprozess Analyse werden die angewendeten Geschäftsprozesse gegenüber den Vorgaben und Standards evaluiert. Die Geschäftsprozess Analyse fördert im Unternehmen:

- eine Kultur der kontinuierlichen Geschäftsprozess Verbesserung,
- eine konsequente Anwendung der Geschäftsprozesse um die Geschäftsprozessziele zu erreichen,
- die Optimierung der Ressourcen.

Die Ergebnisse der Geschäftsprozess Analyse sind eine Grundlage für die Verbesserung der Geschäftsprozesse, um die vorgegebenen und zyklisch erneuerten Geschäftsprozessziele zu erreichen.

Die Geschäftsprozesse werden im Rahmen der Geschäftsprozess Analyse erhoben. Mit der Beschreibung und Einführung von Geschäftsprozessen können bereits Prozessziele definiert und Prozessergebnisse gemessen werden. Umfassende und fortlaufende Messungen können dann einsetzen, wenn entsprechende Instrumente bereitgestellt sind und die Geschäftsprozesse konsequent angewendet werden.

Weiters gilt es, Verbesserungsmöglichkeiten aufzuzeigen mit dem Fokus sowohl auf den definierten Geschäftsprozess selbst (Dokumentation, Implementierbarkeit) als auch den gelebten Geschäftsprozess nach Einführung und Implementierung.

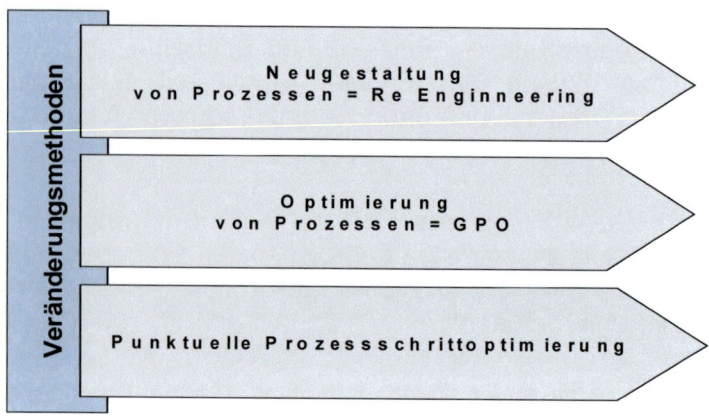

Die Kosten-Nutzen-Relation der Geschäftsprozess Analyse wird direkt durch zu erzielende Produktivitätssteigerungen auf der Basis von Qualitätsverbesserungen bestimmt.

Eine betriebswirtschaftliche Rechtfertigung von Geschäftsprozess Analysen sollte allerdings nicht allein auf einer bereichsinternen Sichtweise basieren, sondern vor allem auch die Auswirkungen von verbesserten Geschäftsprozessen auf die operativen unternehmensweiten Geschäftsprozesse berücksichtigen.

Nach Abschluss des Geschäftsprozess Analyse und Geschäftsprozess Optimierungsprojektes kommt das Unternehmen in die Phase der Geschäftsprozessnutzung und des kontinuierlichen Geschäftsprozessmanagements. Geschäftsprozesse müssen der Organisation und den sich ändernden Kunden- und Umfeld Anforderungen angepasst werden. Von der Idee einer Geschäftsprozess Änderung respektive Geschäftsprozessanpassung und Geschäftsprozess Optimierung bis zu dem Zeitpunkt wo diese auch wirklich in Kraft tritt, wird ein sogenannter Verbesserungszyklus durchlaufen. Die Organisation des kontinuierlichen Geschäftsprozessmanagements hat die Aufgabe, den Zyklus der Geschäftsprozess Verbesserung aufrecht zu erhalten.

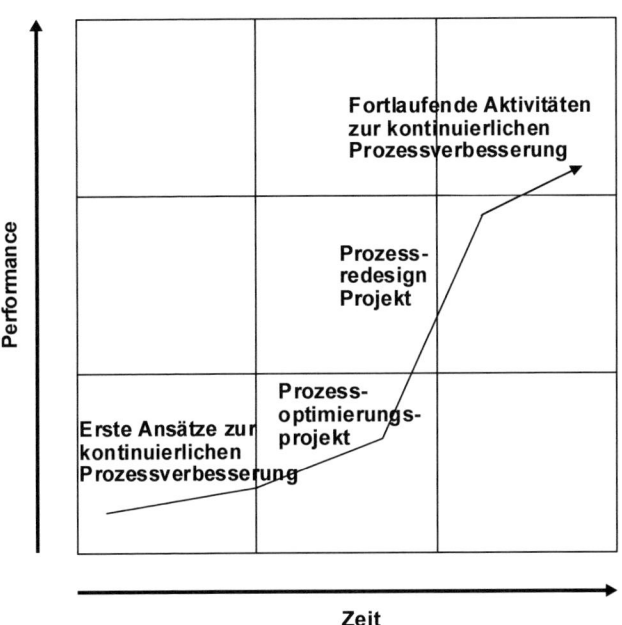

Die Paradigmen der Geschäftsprozess Optimierung sind:

- Die Geschäftsprozesse müssen auf die Geschäftsanforderungen der Kunden ausgerichtet werden.
- Die Möglichkeiten der IT zur Geschäftsprozessunterstützung sind optimal zu nutzen.
- Das Unternehmen hat sich auf seine Kernkompetenzen zu konzentrieren.

In der Praxis werden dabei oft nur einzelne dieser Paradigmen gesehen bzw. umgesetzt. Es nützt aber einem

Unternehmen nichts, wenn es sich nicht auf seine Kunden konzentriert sondern die Geschäftsprozesskosten minimiert.

Beispiel Ist Geschäftsprozess vor Optimierung:

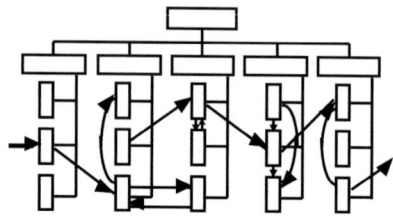

- historisch gewachsen
- stiftet wenig Nutzen

Beispiel Soll Geschäftsprozess nach Optimierung:

- klare Ausrichtung der Organisation auf die Geschäftsprozesse
- klare Regeln zur Entscheidungsfindung
- Abweichungen können analysiert werden

7 Prozessmodell und Unternehmensziele

Eine der kritischen Erfolgsfaktoren bei der Optimierung bzw. beim Re-Design (Re-Engineering) von Prozessmodellen ist die Verbindung des „neuen" Prozessmodells mit der Vision und Strategie des Unternehmens. Nur dadurch ist gewährleistet, dass das Prozessmodell so gestaltet wird, dass alle Mitarbeiter an „einem Strang ziehen", die Geschäftsprozesse geeignet sind, Kundenbedürfnisse zu befriedigen und auch langfristig den Wert einer Kundenbeziehung zu sichern.

Die **Wertschöpfungskette** eines Unternehmens (nach Porter) bilden jene Aktivitäten, die zur Entwicklung, Produktion, Vertrieb und Auslieferung von Produkten und Dienstleistungen an den Auftraggeber bzw. Kunden durchgeführt werden. Wertschöpfungsketten können auch über Unternehmen hinweg miteinander verbunden werden und die Wertschöpfungsketten von Lieferanten und Kunden mit einschließen.

Die folgende Abbildung zeigt ein Beispiel einer einfachen Wertkette, bei der die Unterscheidung in primäre und unterstützende Aktivitäten getroffen wurde.

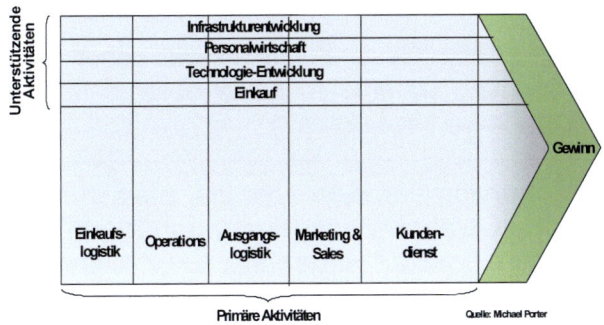

Wesentliches Merkmal der Geschäftsprozesse sind dabei die Ziele des Geschäftsprozesses, die die Schaffung eines Mehrwerts für den Kunden und / oder das Unternehmen sicherstellen sollen und die sich im Übrigen aus den Unternehmenszielen (hoffentlich vorliegend) ableiten lassen. Für jedes Ziel hat definiert zu sein, wie das Erreichen dieses Ziels gemessen werden kann.

Es werden dabei zwei Arten von Prozesszielen unterschieden:

1. Ziele, die direkt der Erreichung von Unternehmenszielen dienen oder
2. Ziele zur Zielerreichung in anderen Geschäftsprozessen.

Damit die Geschäftsprozesse die Unternehmensziele tatsächlich unterstützen, muss die Gesamtheit der Unternehmensziele der Gesamtheit der Geschäftsprozessziele entsprechen. Das bedeutet, dass sich jedes Geschäftsprozessziel aus einem Unternehmensziel ableiten lässt und dass sich umgekehrt zu jedem Unternehmensziel Geschäftsprozesse finden lassen, deren Ziele dieses Unternehmensziel ergeben. Damit kann es kein Unternehmensziel geben, das sich in keinem Geschäftsprozessziel wiederfinden lässt (Anmerkung: Denn sonst müsste das Ziel ohne jede „Tätigkeit" erreichbar sein.).

Umgekehrt darf es kein Geschäftsprozessziel geben, das sich nicht aus einem Unternehmensziel ableiten lässt - was aber in der Praxis öfter auftritt.

Durch die Verzahnung der Ziele über alle Ebenen kann die sonst übliche Gefahr der Verselbständigung von Zielen gebannt werden. Leider ist der fehlende Zusammenhang zwischen strategischen Zielen (falls diese überhaupt allen Beteiligten bekannt sind oder bekannt gemacht wurden) in der Vergangenheit immer wieder erlebbar gewesen).

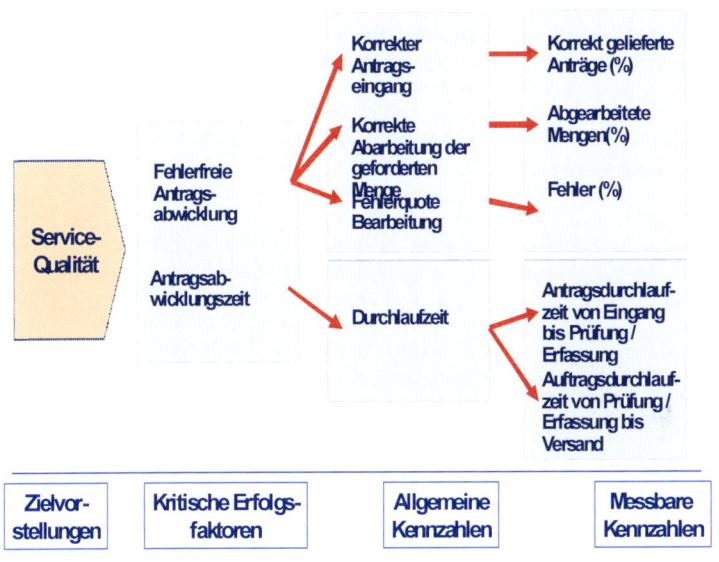

| Zielvor-stellungen | Kritische Erfolgs-faktoren | Allgemeine Kennzahlen | Messbare Kennzahlen |

8 Unternehmensstrategie als Treiber für das Prozessmodell

Unternehmen sind einem stetigen Wandel ausgesetzt und sollten ihr Geschäftsmodell in regelmäßigen Abständen einem genauen Review unterziehen und gegebenenfalls anpassen, um ihre langfristige Wettbewerbsfähigkeit und damit ihr langfristiges Überleben zu sichern. Dieser Review wird auch in der Literatur oftmals als Unternehmens- und Umfeld-Analyse bezeichnet.

8.1 Unternehmens- und Umfeld-Analyse zur unternehmerischen Standort-Bestimmung

Während sich die **Unternehmensanalyse** mit den unternehmensinternen Faktoren auseinandersetzt, beschäftigt sich die Umfeldanalyse mit den unternehmensexternen Faktoren.

Klassische Themen zur Analyse der unternehmensinternen Faktoren sind

- Finanzielle Situation der Unternehmens (auf Basis aktueller Ist-Zahlen und im Rahmen einer mehrjährigen Planrechnung)
- Produkte, deren Beitrag zum Unternehmenserfolg und eine Einschätzung über deren Position im Lebenszyklus
- Zur Verfügung stehende Mitarbeiter-Ressourcen – quantitativ und qualitativ (z.B. Mitarbeiterkompetenzen)
- Zur Verfügung stehende Anlagen, Maschinen und Gebäude
- u.v.a.m.

Im Gegensatz dazu thematisiert die **Umfeldanalyse** die unternehmensexternen Faktoren:

- Verhalten der Kunden (bestehende und potentielle neue)
- Politik und Gesetzgebung
- Entwicklung von Technologien und deren Brauchbarkeit für den Einsatz im Unternehmen
- Erwartungen der Eigentümer
- Verhalten der Konkurrenten (bestehende und potentielle neue Markteinsteiger)
- Verhalten der Lieferanten

- u.v.a.m.

Die Stakeholder Analyse ist eine Ausprägung der Umfeldanalyse. Sie fokussiert auf die Ermittlung von „Interessenträger" (englisch: Stakeholder), sowie der Art ihrer Beziehung zu dieser Sache. Typische Stakeholder eines Unternehmens sind beispielsweise Lieferanten, Kunden, Mitarbeiter, Management, Eigentümer, Behörden, Konkurrenten, etc.

Im Kontext von Projekten haben Stakeholder ein Interesse an diesem Projekt oder sind von diesem Projekt in irgendeiner Weise betroffen.

Die Stakeholder können geordnet werden nach:

- Ihrem Entscheidungspotenzial (finanziell, technisch, politisch, etc.)
- Ihrer Einstellung zum Projekt (Sponsoren, Befürworter, neutral,...)
- Ihrer Rolle im Projekt
- Ihren Beziehungen untereinander
- Ihrem Einfluss auf andere Stakeholder.

Die Stakeholder Analyse ist die Grundlage dafür, Stakeholder gezielt in einem Kommunikationsplan adressieren zu können, die Kommunikation mit den Stakeholdern zu verbessern und verbessert das Verständnis ihrer Interessen. Offensichtliche, schwelende oder bislang unbekannte Konflikte können mittels Stakeholder Analyse früher erkannt werden.

Eine Stakeholder Analyse ist immer nur eine Momentaufnahme und muss, ebenso wie das Risikomanagement im Lauf der Zeit aktualisiert werden, um wirksam zu bleiben.

Vorgehen Stakeholder Analyse:

- Identifizieren der Stakeholder
- Analyse der Stakeholder
- Ableiten von Konsequenzen und Maßnahmen als ein weiterer Input für das Risikomanagement im Projekt.

Nur eine integriertes Betrachten der internen und externen Faktoren macht letztendlich Sinn.

Oftmals werden die Ergebnisse dieser Analysen im Rahmen einer SWOT-Darstellung dokumentiert und dienen als Diskussionsgrundlage mit dem Management und den Eigentümern. SWOT kommt aus dem Englischen und steht für

- **Strength (Stärken)**
  diese werden aus der Unternehmensanalyse abgeleitet
- **Weaknesses (Schwächen)**
  diese kommen ebenfalls aus der Unternehmensanalyse
- **Opportunities (zukünftige Chancen)**
  diese behandeln Themen, welche zukünftige Erfolgspotentiale für das Unternehmen darstellen können, aber eben entsprechend auch nutzbar gemacht werden müssen. Abgeleitet werden diese Chancen aus der Umfeldanalyse
- **Threats (zukünftige Bedrohungen)**
  diese bezeichnen Themen, welche (ohne darauf zu reagieren) das langfristige Überleben des Unternehmens gefährden könnten und werden ebenfalls aus der Umfeldanalyse abgeleitet

Beispiel:

Stärken	Schwächen
• erfahrene Mitarbeiter • Rahmenbedingungen ok	• Papierorganisation • Kein Barcodescanner • keine gekennzeichnete Zone für defekte Artikel
Chancen	**Risiken**
• höherer Automatisierungsgrad erreichbar	• keine

Der Sinn der Unternehmens- und Umfeldanalyse besteht in einer Standort-Bestimmung des Unternehmens und in einem ersten Aufzeigen eines möglichen Handlungsbedarfs, welche darauf ausgerichtet sein sollte, die bestehenden Stärken weiter auszubauen, die Schwächen zu minimieren, aufkommende Chancen zu nutzen und Bedrohungen abzuwehren. Das ist natürlich leichter gesagt als getan, es existieren zumeist auch unterschiedliche Maßnahmen und Wege um dies zu erreichen. Auch kann ein Unternehmen sehr schwer mit seinen verfügbaren Ressourcen alles gleichzeitig in Angriff nehmen, ein entsprechendes Priorisieren ist von Nöten.

Vereinfacht ausgedrückt muss jedes Unternehmen (auch in einer unsicheren Zukunft) wissen, wo es hinmöchte (Vision und strategische Zielsetzung) und wie es den Weg zum Ziel am besten beschreiten möchte (Strategie-Entwicklung und Strategie-Umsetzung).

Wenn eine Vision entwickelt werden soll, dann handelt es sich um einen Denk- und Entscheidungsprozess der

Unternehmensführung (in vielen Fällen auch der Eigentümer), welcher zum Ziel hat zu beschreiben, wie das Unternehmen denn langfristig aussehen soll. Es ist sozusagen die Beschreibung eines Zustandes des Unternehmens in der Zukunft.

Wie dieser Zustand beschrieben wird, dafür gibt es keine einheitlichen Regeln, zumeist wird versucht, auf einer sehr groben Ebene zu beschreiben, welche Kunden und Märkte betreut werden, wie Produkte und Dienstleistungen aussehen könnten und wie sie denn den zukünftigen Kunden angeboten werden könnte sowie wie sich das Unternehmen organisieren könnte und welche Art von Mitarbeitern (Profile) notwendig wären. In manchen Fällen wird auch Bezug auf die eine oder andere Kennzahl genommen z.B. „das Unternehmen will in allen seinen Kernmärkten den größten Marktanteil in den nächsten 10 Jahren besitzen".

Der Phantasie sind hier kaum Grenzen gesetzt, die Vision soll eben im Wesentlichen eine Orientierung für die zukünftige Unternehmensentwicklung geben. Die Erfüllung einer bzw. die Annäherung an eine Vision ergibt sich nicht von selbst, sondern bedarf vieler Entscheidungen über den zu beschreitenden „Weg" der Annäherung (Strategien) sowie auch wie die „Reise" erfolgt (Umsetzung von Strategien).

8.2   Entwicklung einer Unternehmensstrategie

Die Entwicklung einer Unternehmensstrategie geht auf die Theorien vom Kriege von Carl von Clausewitz (1780 – 1831) zurück. In seinem Werk beschreibt Clausewitz Strategie und Taktik der Kriegsführung, seine Thesen wurden auch später auf die Unternehmensführung übertragen.

Im Grundsatz kann eine Strategie als die Beschreitung eines „speziellen Weges" beschrieben werden, um mittel- bis langfristige Ziele eines Unternehmens zu erreichen (diese werden auch zumeist strategische Ziele genannt). Methoden zur Strategie-Entwicklung gibt es genug, es ist auch nicht Zweck dieses Buches, hier das Rad neu zu erfinden. In der Literatur finden sich auch zahlreiche Werke, von denen einige im Anhang auch angeführt sind.

Strategien gibt es heutzutage fast schon für jede Unter- nehmensfunktion und Thematik. Angefangen von einer Gesamtstrategie des Unternehmens, gibt es Strategien für einzelne Geschäftsbereiche, für Geschäftsdurchfüh- rungseinheiten (diese werden z.B. bei den meisten Dienstleistern auch als Geschäftsabwicklung – *englisch: operations* – und die Strategie als Abwicklungsstrategie bezeichnet), die IT Strategie, die Risikostrategie u.v.a.m.

Strategien sind auch kein Selbstzweck und benötigen die Definition zugrundeliegender strategischer Ziele, an de- nen später einmal die Umsetzung einer Strategie gemes- sen werden kann.

Interessant ist und bleibt aber der Umstand, wie sich Strategien auf Prozessmodelle auswirken und wie dieser Zusammenhang auch gezeigt werden kann.

Visionen zu haben, eine Unternehmensstrategie abzulei- ten und danach unternehmerische Entscheidungen zu treffen, ist das eine - diese dann im Unternehmen umzu- setzen das andere. Etliche Unternehmer oder Führungs- kräfte haben schon erleben müssen, dass ihre noch so guten Ideen im Sande verlaufen. „Schuld" daran kann einerseits unzureichende Strategieentwicklung und / oder Umsetzung sein.

Aber oft sind es jedoch die Strukturen im Unternehmen, die die Umsetzung von Entscheidungen beeinträchtigen: Unklare Zuständigkeiten und Verantwortungsbereiche, unzureichende Kommunikation zwischen den Hierarchieebenen und keine ausreichende Einbindung von Mitarbeitern.

Strategieentwicklung und Strategieumsetzung kann nicht von der Stange gekauft werden, sondern muss unternehmensindividuell erstellt und begleitet werden. Das Ziel ist die verbindliche Umsetzung der Maßnahmen zur Erreichung der gesetzten Unternehmensziele.

Die folgenden Basisfragen dazu sind:

- Was muss gemacht werden?
- Wer macht was und wann?
- Wie wird es gemacht?
- Wie macht man es optimal?
- Was soll / muss dabei herauskommen?

Nachfolgende Abbildung soll in vereinfachter Form diesen Zusammenhang verdeutlichen. Die Unternehmensvision zeigt an, wohin langfristig die „Reise" des Unternehmens hingehen soll und wie zukünftig das Unternehmen aussehen soll.

Welche „Wege und Transportmittel" in Richtung Ziel genommen werden sollen, beschreiben die Strategien. In den meisten Fällen existiert nicht nur eine Strategie, sondern mehrere – die für das Unternehmen beste soll daher ausgewählt werden, was kein leichtes Unterfangen darstellt, wenn man bedenkt, dass man sich heute festlegt und sich das Umfeld des Unternehmens ständig bewegt.

Ist einmal die Strategie festgelegt, geht es dann an deren Umsetzung in die operative Welt des Unternehmens. Für die Prozessmodelle des Unternehmens bedeutet dies, dass in einem ersten Schritt die zukünftigen Prozessziele aus den strategischen Zielen abgeleitet werden müssen und danach die für die Erfüllung der neuen (zukünftigen) Prozessziele die am besten geeigneten Prozessmodelle definiert werden.

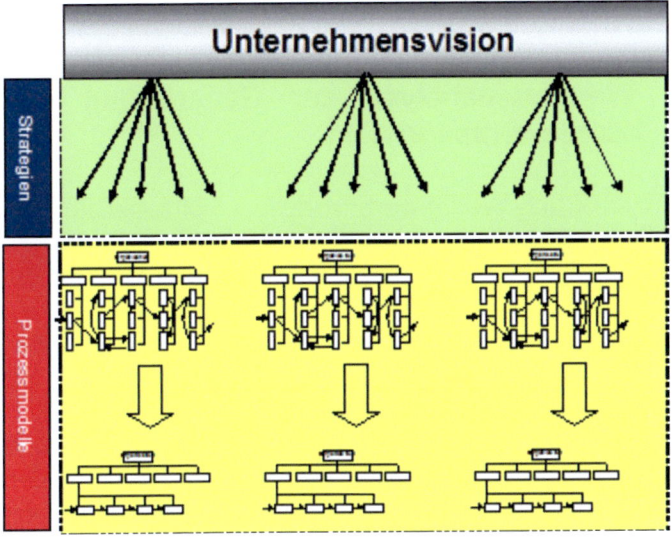

Der zweite Schritt wird auch oftmals als Prozess-Design bezeichnet.

Ein Vergleich von zukünftigen Prozesszielen und den daraus abgeleiteten Prozessmodellen mit den Prozessen des Ist-Zustandes verdeutlicht den Veränderungsbedarf, welchen die Strategieumsetzung in den Geschäftsprozessen hervorruft. Dieser Veränderungsbedarf wird auch als Lücke (*englisch: gap*) bezeichnet und bedarf einer Anzahl von Maßnahmen, um geschlossen zu werden.

Diese Maßnahmen werden oftmals gebündelt in Form von Veränderungsprojekten abgearbeitet.

Um den Zusammenhang zwischen Strategie und Prozessmodell zu beschreiben, sollen an dieser Stelle auf zwei Modelle verwiesen werden:

- Die Wertkettenanalyse von Michael Porter (beschrieben in seinem Werk Wettbewerbsvorteile)
- Die Balanced Scorecard von Kaplan/Norton

8.3 Wertkettenanalyse zur Generierung von Wettbewerbsvorteilen

In seinem Buch Wettbewerbsvorteile - Spitzenleistungen erreichen und behaupten – beschreibt Michael Porter wie Aktivitäten im Unternehmen die Umsetzung von Strategien ermöglichen. Um in einer Branche konkurrenzfähig zu bleiben, muss ein Unternehmen eine Reihe von verschiedenartiger Aktivitäten (kann auch als Synonym für Prozesse sein) ausführen. Im Sinne der aktivitätsorientierten Sicht auf das Unternehmen kann eine umgesetzte Strategie auch als eine entsprechende Anordnung von Aktivitäten verstanden werden, die ein Unternehmen von seinen Konkurrenten unterscheidet.

Hierbei sind zwei wesentliche Aspekte zu beachten:

- Die Attraktivität der Branche, in welchem das Unternehmen agiert
- Der „Strategie-Typ", welchen das Unternehmen verfolgt (ist ein Unternehmen in mehreren Branchen und Geschäftsfeldern tätig, so kann es durchaus Sinn machen, diesen Strategietyp für jedes einzelne Segment jeder Branche zu definieren und zu verfolgen)

Bezüglich Analyse der Branche(n) soll an dieser Stelle nicht weiter eingegangen werden, hier sei auf das Werk von Michael Porter nochmals verwiesen, was insbesondere für Prozessmodelle aber interessant ist, ist eine kurze Auseinandersetzung mit dem „Strategie-Typen". Egal ob es sich um eine Strategie für den gesamten Markt einer Branche oder für Teile (Nische) handelt, es gibt im Wesentlichen zwei Strategie-Typen, welche zu Wettbewerbsvorteilen führen können (natürlich wird dabei die Branchenattraktivität mit ausschlaggebend sein):

- Kostenführerschaft
- Differenzierung

Während erster Strategie-Typ auf Produkte und Dienstleistungen mit dem günstigsten Kostenprofil bei gleichzeitiger Bedienung der Kundenbedürfnisse abzielt, geht es bei dem zweiten Strategietyp darum, einen „Premium"-Preis für seine Produkte und Dienstleistungen bei überschaubaren Kosten zu erzielen. Im letzteren Fall „honoriert" der Kunden durchaus das bessere Image, Design, die bessere Funktionalität, der bessere Kundenservice u.v.a.m. eines Produktes gegenüber den Konkurrenten des Unternehmens und ist durchaus bereit, einen höheren Preis dafür zu zahlen.

Warum ist dies für Prozessmodelle interessant? Erstens einmal ist eine Analyse der Wertkette für die einzelnen Produkte und Dienstleistungen sehr aufschlussreich, um zu erkennen, worauf es für das Streben nach Wettbewerbsvorteilen ankommt (und nur Wettbewerbsvorteile garantieren das langfristige Überleben eines Unternehmens, während durchschnittliche Leistungen bzw. „das Unternehmen kann alles, aber nichts wirklich am besten" eher zu Misserfolgen führt) und welches die kritischen Erfolgsfaktoren dafür sind. Zweitens erfordert ein auf Kostenführerschaft ausgelegtes Unternehmen ein ganz anderes Prozessmodell als eines, welches die Differenzierungsstrategie wählte.

Wählt ein Unternehmen den Strategietyp der Kostenführerschaft, so wird es ständig bestrebt sein müssen, seine Prozesse zu standardisieren und eben günstiger zu machen – ohne dass der Kunde die Qualität der Produkte und Dienstleistungen als minder für seine Bedürfnisse wahrnimmt. Service-Prozesse z.b. müssen so angelegt sein, dass sie eben das Kundenproblem in einer akzeptablen Zeit lösen können, aber eben nicht individuell an die unterschiedlichen Kundenpräferenzen angepasst sein. Ebenso in dieses Konzept passt, dass der Kunde selbst sein Problem lösen kann (mit Hilfe von einigen Tools, welche das Unternehmen dem Kunden bereitstellt) – das elektronische Einchecken am Automaten mit Ticketdruck wäre ein Beispiel dafür. Ein Prozessdesigner in so einem Unternehmen würde die meiste Zeit analysieren, welche Prozess-Teile vereinfacht, standardisiert bzw. weggelassen werden können, ohne das die Kundenzufriedenheit darunter leidet.

Eine auf Differenzierung ausgelegte Unternehmensstrategie hingegen wird seine Prozesse so gestalten, dass es auch zu einem besonderen Kundenerlebnis kommen kann. Ein flexibles Eingehen auf die unterschiedlichsten Kundenbedürfnisse wird hier auch in den Prozessmodellen abzubilden sein. Abgesehen davon, dass die individuellen Kundenbedürfnisse einmal bekannt sein müssen, ist eine feine und vielfältige Kundensegmentierung notwendig, was bedeutet, dass es für jedes Kundensegment und -subsegment ein genau abgestimmtes Produkt- und Dienstleistungsportfolio geben muss, welches durch ein effektives und effizientes Prozessmodell bestmöglich unterstützt wird.

8.4 Balanced Scorecard

Die *Balanced Scorecard (Abkürzung: BSC)* dient dazu, die eine Organisation an verschiedenen strategischen Zielen zu orientieren, diese zueinander in Beziehung zu setzen und messbar zu machen. Sie wurde maßgeblich von Robert Kaplan und David Norton geprägt und sollte dem Umstand Rechnung tragen, dass bei der Messung von Strategie-Umsetzungen oftmals der Fokus zu stark und einseitig auf rein finanzielle Kennzahlen gelegt wurde und alle anderen Aspekte eine nachrangige Bedeutung beigemessen wurden.

Im Gegensatz dazu bedient sich die BSC eines mehrdimensionalen Systems – bestehend aus finanziellen und nicht-finanziellen Größen, welche sie in Zusammenhang bringen und auch die deren Wechselwirkungen zeigen möchte. Dies geschieht über sogenannte Ursache-Wirkungsbeziehungen. Diese Ursache-Wirkungsbeziehungen sollen in der ursprünglichen Form von Kaplan und Norton die folgenden Sichten auf eine Unternehmensstrategie beschreiben:

- Mitarbeiter/Lern-Perspektive (beinhaltet Größen zur Messung der quantitativen und qualitativen Mitarbeiter-Ressourcen-Ausstattung z.B. Mitarbeiterbindung, Mitarbeiter-Zufriedenheit, Ausbildung pro Mitarbeiter, Innovationsrate,…)
- Prozess-Perspektive (beinhaltet Größen zur Beschreibung und Messung der Ausführung der wesentlichen Geschäftsprozesse des Unternehmens wie z.B. Durchlaufzeiten von Prozessen, Bearbeitungsqualität,…)
- Kundenperspektive (beinhaltet Größen zur Beschreibung und Messung der Kundenzufriedenheit und zur Kundenbindung)

- Finanzielle Perspektive (beinhaltet Größen zur Beschreibung und Messung der finanziellen Situation im Unternehmen z.B. Umsatz, Kosten, Gewinn, Rentabilität)

Nachfolgend ein kleines Beispiel zur Erläuterung der Ursache-Wirkungszusammenhänge:

Zufriedene Mitarbeiter, welche motiviert und an ausreichend Weiterbildung teilnehmen können – sozusagen eine Job-Perspektive haben – sind eher bereit, höhere Leistungen zu vollbringen, damit erfolgt eine bessere Ausführung der Geschäftsprozesse und die Kunden werden zufriedener sein, was wiederum mehr Umsatz durch Zusatzbestellungen sowie weniger Storni bei Verkäufen bedeutet.

Im umgekehrten Fall kann ein wenig durchdachtes Kostensenkungsprogramm zwar kurzfristig die Rentabilität steigern, mittel- bis langfristig kann es aber leicht passieren, dass gute Mitarbeiter das Unternehmen verlassen, es in der Geschäftsprozessen an der notwendigen Kapazität fehlt, Kunden damit schlecht betreut werden und zur Konkurrenz abwandern. Die daraus resultierenden Umsatzeinbrüche können in diesem Beispiel die ursprünglichen Kosteneinsparungen nicht wettmachen.

Letztes Beispiel hätte von dem Unternehmen vermieden werden können, hätte dieses Unternehmen mehr auf die Balance (also das Gleichgewicht) der einzelnen Perspektiven der BSC geachtet.

Unter Zuhilfenahme der BSC kann beim Design des Prozessmodells sehr umsichtig Bedacht darauf genommen werden, welche Prozessziele eine positive Wirkung auf die anderen Perspektiven haben und welche eben nicht so. Es hat eben keinen Sinn, die Ziele einer Perspektive auf Kosten der anderen Perspektiven zu maximieren. Verwendet man die BSC auch nach der Umsetzung einer Strategie als Führungs- und Messinstrument, dann kann die Unternehmensleitung auch sehr gut sehen, welche (anfangs theoretischen) Ursache-Wirkungsbeziehungen auch in der geschäftlichen Praxis bestehen und welche gegebenenfalls angepasst werden müssen.

9 Mythen im Prozessmanagement

Im Folgenden werden einige Mythen dargestellt und auch die „andere" Seite.

1) Das Unternehmen ist erfolgreich, solange jeder im Unternehmen die strategischen Ziele seines Bereiches erfüllt!
    Aber:
    Wenn jeder an das Optimum in seiner Prozesskette denkt, wird dann an „alle" Prozessschritte gedacht?
    ➔ Übergreifende Betrachtung „Über den Tellerrand schauen."

2) Differenzierung über Geschäftsprozesse ist am Markt erfolgsversprechend!
    Aber:
    Erfolgreiche Prozesse werden schnell von Mitbewerbern kopiert
    ➔ Die Prozesseffizienz und damit die Kosteneffizienz sind entscheidend.

3) Höchste Detaillierung der Prozessbeschreibung schafft Mehrwert!
    Aber:
    ➔ Weniger ist oft mehr (Pareto 80-20 Regel).

4) Prozess-Standards sind der Schlüssel zum Erfolg!
Aber:
Prozess-Standards sind nur der 1. Schritt, die Über-
setzung auf die Mitarbeiter-Gegebenheiten wird dabei
oft unterschätzt, denn bei der Erledigung der pro-
zessgebundenen Aufgaben ist der Mitarbeiter auf
sich allein gestellt.
➔ Standardisierte Prozesse müssen schmackhaft
gemacht werden.

5) Der Fachbereich wird ausführbare Prozessmodelle
erzeugen!
Aber:
Kann und will der Fachbereich dies und zieht er daraus einen Nutzen?
➔ Einbindung des Fachbereichs durch Fach-
bereichs-Externe

6) Durch ein laufendes Sichtbarmachen der Prozesse
und ihrer Parameter können sich die Ebenen der Organisation entsprechend ausrichten und Führungskräfte wirksamer managen!
Aber:
Breitflächig erfasste Key Performance Indikatoren
(KPI) messen möglicherweise richtig, aber hilft das
beim „Steuern"?
➔ Weniger ist mehr.

7) Prozessoptimierung lässt sich am besten beherr-
schen mit Software Tools
Aber:
Glauben Sie noch immer an die Verkaufs Stories der
Software Hersteller?
➔ "A fool with a software tool is still a fool"

10 Was wir von spielenden Kindern lernen können!

Jeder von uns hat mit Sicherheit schon einmal einem spielenden Kind zugeschaut. Lange Zeit können diese verbringen, immer und immer wieder neue Formen mit Bausteinen zu kreieren. Was für den Erwachsenen Zuschauer lediglich Spiel scheint ist bei anderer Betrachtung viel mehr.

Geben Sie einem Kind Bausteine und das Kind wird direkt anfangen, irgendetwas zu bauen oder auszuprobieren. Das Kind liest dabei nicht vorher seitenlange Anleitungen und erstellt vorab keine Meilenstein-, Einführungs- oder Rolloutplanung. Nein, das Kind legt einfach los! Schaut sich an, was es vor sich hat (Ist), wie die Steine funktionieren (Analyse) und was es damit mache kann, es gestaltet!

Wo aber liegt nun die Verbindung zwischen dem Spielen mit Bausteinen und Prozessmanagement?

➜ „Prozessmanagement braucht keine langen Anlaufzeiten"

Im Grunde genommen kann mit Papier und Bleistift begonnen werden, der Ablauf, die Verantwortlichkeiten und die Schnittstellen werden aufgeschrieben, gezeichnet und/oder die Prozessschritte mit Post-it auf der Flipchart positioniert. Wie beim Spielen gilt also auch für das Prozessmanagement: Einfach beginnen und machen!

➜ „Prozessmodell einfach gestalten"

Wenn wir spielenden Kindern zusehen, dann sieht man Lösungen, die einem nicht sofort eingefallen wären.

Wie so oft im Leben gibt es auch im Prozessmanagement viele Wege, um ans Ziel zu gelangen. Die Kunst dabei ist, immer den einfachsten und effizientesten Weg zu gehen. Dabei hilft es, einen ungetrübten Blick auf die Situation zu haben, und sich frei von fest verankertem Wissen und Gewohnheiten zu machen.

➜ „Prozessmodellierung mit Geduld aber klar kommuniziert"

Jeder Baukasten besteht aus vielen verschiedenen Bausteinen mit unterschiedlichen Formen und Eigenschaften. Für ein Kind die Herausforderung. Aber dadurch lässt sich das Kind nicht einschüchtern, es probiert die Steine einfach aus und zwar so lange, bis am Ende ein Gebilde entsteht und das Kind zufrieden ist.

Mit Prozessen sollte ähnlich verfahren werden, d.h. die Varianten und Optionen durchdenken und den Prozess so lange entwickeln, bis er passt und zufriedenstellend ist, sodass die Betroffenen und die Schnittstellen abgestimmt sind.

➜ Prozessmodellierung „neu" und nicht „kopiert"

Lassen Sie ein Kind eine Zeit lang mit den Bausteinen allein, und es wird viele Kreationen, erschaffen und nicht nur das von einer Vorlage. Diese wird meist nur als Orientierungshilfe genutzt.

Genauso ist es auch bei einem professionellen Prozessmanagement. Jeder Prozess muss individuell betrachtet werden und auf die Notwendigkeiten angepasst werden.

Best-Practice-Prozesse sollten maximal als Orientierungshilfe gesehen aber nicht ident umgesetzt werden.

➔ Prozessmodellierung heißt auch „Nicht frühzeitig aufgeben sondern an die Veränderungen anpassen"

Ein Kind baut Gebilde, aber absichtlich schief und es kommt wie es kommen muss, das Gebilde bricht zusammen und das Kind baut trotzdem weiter.

Sollte ein Prozess nicht oder nur bis zu einem gewissen Grade funktionieren, so gilt es, den Prozess so zu verändern, dass unter Berücksichtigung der Rahmenbedingungen das Ziel erreicht wird. Jegliche Prozessrisiken zu verhindern ist nicht möglich. Am Ende des Tages zählt das Ergebnis der Prozessmodellierung und nicht der Weg dorthin.

➔ „Kein Meister ist vom Prozessmanagement Himmel gefallen!"

Nach wenigen Stunden spielen nimmt das Kind gekonnt die Bausteine.

Im Prozessmanagement ist es selbstverständlich ebenfalls so, dass die Qualität der Prozessmodellierung mit der Erfahrung besser wird.

11 Einführung neuer Prozessmodelle - So gehen Sie vor!

Wenn wir von einer Einführung eines neuen Prozessmodells sprechen, dann wird dies in der Regel in Form eines Projektes mit definierten Schritten durchgeführt. Der Planung, Projektierung und erfolgreichen Umsetzung eines solchen Vorhabens liegen einige wichtige Erfolgsfaktoren zu Grunde.

Im Wesentlichen erfolgt ein derartiges Projekt in folgenden Schritten:

1. Vorbereitung und Kickoff
2. Redesign der Prozesse
3. Readiness Check
4. Design Einführung Prozessmodell
5. Entscheidung Go/NoGo
6. Einführung bzw. Umsetzung
7. Lessons Learned.

Die genannten Stufen des Veränderungsprozesses lassen sich gut in Projektform „erklimmen".

Im Folgenden wird auf die wichtigsten Besonderheiten für die erfolgreiche Einführung eines neuen Prozessmodells eingegangen.

11.1 Schritt 1: Vorbereitung und Kickoff

Im Rahmen des ersten Schrittes werden nach den Erstgesprächen mit der Geschäftsführung und dem benannten Projektleiter die bestehenden Unterlagen zu Unternehmensleitbild, Mission Statement, Führungskräfteleitbild, Change Vision, Ablauforganisation, Prozessbeschreibung, Projektbeauftragung, Mengengerüste, Kosten- Nutzenüberlegungen, Kompetenz- und Kommunikationsmatrix, Projektberichtswesen, etc. gesichtet, und analysiert. Danach erfolgt die Vorbereitung und Durchführung des Kickoff.

Das Vorgehen ist dabei wie folgt:

- Erstgespräch Projektleiter Auftraggeber und Projektbegleitung (d.h. Info zur Vision, Zielsetzung bzw. Vorgehensmodelle und Rahmenbedingungen erhalten und ausgetauscht)
- Auswahl Projektteam durch Auftraggeber (d.h. Projektorganisation und Namen festgelegt)
- Übergabe von relevanten Unterlagen an die Projektbegleitung durch Projektleiter des Auftraggeber (d.h. Dokumente zu Vision, Unternehmensleitbild, Führungsleitbild, Aufbauorganisation, Ablauforganisation, Ressourcenabdeckung, Geschäftsprozess Kennzahlen, HR-Kennzahlen, etc. ausgewählt, konsolidiert und übersendet)
- Sichtung der Unterlagen durch Projektbegleitung (d.h. Überblick über aktuelle Basisstruktur und vorhandene Kennzahlen erlangt)
- Vorbereitung Kickoff durch Auftraggeber und Projektbegleitung (d.h. Design inkl. Agenda erstellt, Präsentationsunterlagen erstellt)
- Kickoff Lenkungsausschuss, Projektteam und Projektbegleitung (d.h. Info ausgetauscht, Vorgehensmethode und Vorgehensschritte und Aufgabenverteilung bekannt, Kickoff-Protokoll)

Beispiel:

Als Primärziele des Projektes werden gesehen:

- Einführung eines neuen Prozessmodells und damit verbunden eine
- veränderten Aufbauorganisation,
- veränderte Ablauforganisation und
- indirekt veränderte Unternehmenskultur.

Als abgeleitete Ziele für die Begleitung des Projektes werden gesehen:

- Information der Mitarbeiter über die neuen Strukturen und Prozessmodelle
- Verringerung der auftretenden Unsicherheiten bei den Mitarbeitern
- und damit Steigerung der Akzeptanz der Gesamtlösung.

11.2 Schritt 2: Redesign der Prozesse

Ziel dieses Schrittes ist das Redesign, bzw. die Optimierung bzw. das Neudesign von definierten Geschäftsprozessen entsprechend des Inputs aus der Geschäftsstrategie.

Die Erarbeitung erfolgt in Workshop des Projektteams in folgenden Hauptschritten:

Das Vorgehen ist dabei wie folgt:

- Ableiten von Zielvorgaben zur Geschäftsprozess Optimierung aus der Geschäftsstrategie
- Durchführen der Organisationsanalyse in Form von strukturierten und dokumentierten Interviews zum Erheben des Geschäftsprozessbaumes und der Geschäftsprozesse und deren Teilschritte sowie Ressourcenbindung in den einzelnen Geschäftsprozessen
- Darstellen von Stärken- und Schwachen der Geschäftsprozesse im Ist
- Erhebung von Reorganisations- bzw. Optimierungspotentialen
- Erarbeiten von Soll-Geschäftsprozessen
- Dokumentation der Soll-Situation und Abbildung in Form des Prozessmodells

11.3 Schritt 3: Readiness Check

Ziel dieses Schrittes ist die Ermittlung der hemmenden und fördernden Faktoren und ist ein wesentlicher Input für das Design der Einführung des Prozessmodells.

Die Erarbeitung erfolgt in Workshop des Projektteams in folgenden Hauptschritten:

- Vorbereiten Kurzinterview "Readiness Check"
- Durchführen Kurzinterview Projekt Team
- Interview ausgewertet und konsolidiert
- Vorbereitung Workshop Ist-Status, Vision und Meilensteine
- Workshop Ist-Status, Vision und Meilensteine
- Vorbereitung Workshop Umfeldanalyse
- Workshop Umfeldanalyse
- Vorbereitung Workshop Risikoanalyse,
- Workshop Risikoanalyse
- Vorbereiten Basistraining für Veränderungsmanagement
- Basistraining für Projekt Team

Dieser Readiness Check dient dazu, die Aufmerksamkeit der Mitarbeiter auf ein bestimmtes Thema zu lenken. Damit wird eine Synchronisation der Wahrnehmung erreicht, was besonders zu Beginn eine wichtige Voraussetzung ist.

11.4 Schritt 4: Planung der Einführung des Prozessmodells

Ziel dieses Schrittes ist die Planung der Einführung des neuen Prozessmodells durch die Vorbereitung und die Termin- und Ressourcen-Planung der einzelnen Schritte und deren Abhängigkeiten.

Die Erarbeitung erfolgt in Workshop des Projektteam in folgenden Hauptschritten:

- Vorbereitung Workshop Design Einführung Prozessmodell
- Workshop Planung der Einführung des Prozessmodells
- Überarbeiten der Planung der Einführung des Prozessmodells
- zweiter Workshop Planung der Einführung des Prozessmodells
- Design des begleitenden Kommunikationsprozesses
- Detailplanung der Schritte der Transitionsphase
- Workshop Details Transition
- Konsolidierung der Ergebnisse und Erarbeiten der „Big Picture Planes" und der detaillierten Aktivitätspläne
- Vorbereitung Lenkungsausschuss

11.5 Schritt 5: Entscheidung Go/NoGo

Ziel dieses Schrittes ist das Treffen der „Go-Entscheidung" durch den Lenkungsausschuss und danach die Mobilisierung der Führungskräfte und der Mitarbeiter.

Die Unterstützung seitens der Projektbegleitung besteht in der Vorbereitung und Begleiten des Lenkungsausschusses.

Zur **„Mobilisierung"** der Mitarbeiter ist es notwendig, nach der „Go Entscheidung", diese über das Projekt zu informieren und mit einzubinden. Im Startmeeting der Einführung bzw. Umsetzung (Transition) wird die Transition Roadmap bekannt gegeben, d.h.

* die geplanten Meilensteine,
* welche Ressourcen betroffen sind,
* von wem welche Entscheidungen zu treffen sind,
* welches Informationskonzept zugrunde liegt,
* etc.

Die Unterstützung seitens der Projektbegleitung besteht in der Vorbereitung und Durchführung des Start Meeting.

11.6 Schritt 6: Einführung bzw. Umsetzung

Ziel dieses Schrittes ist das Umsetzen der einzelnen geplanten Schritte gemäß der Umsetzungsplanung (Roadmap).

Die Unterstützung seitens der Projektbegleitung ist wie folgt:

- Begleitung des Projekt Teams in den regelmäßig stattfindenden Projektteam Meetings
- Teilnahme am regelmäßig stattfindenden Lenkungsausschuss
- Weiters erfolgt eine regelmäßige Abstimmung mit dem Programmmanagement als Input für die Einführung des neuen Prozessmodells und dem Erkennen von Interdependenzen.

Eine Unterstützung seitens der Projektbegleitung erfolgt bedarfsorientiert und nach Anforderung und ist umfanglimitiert vorzusehen.

11.7 Schritt 7: Lessons Learned

Ziel dieses Schrittes ist der geplante Abschluss des Projektes und dient zum Aufarbeiten der Einführung des neuen Prozessmodells für das Projektteam im Sinnen von „Lessons Learned".

Im Lessons Learned Workshop werden die Erkenntnisse für weitere kommende ähnliche Projekte strukturiert festgeschrieben und archiviert und stehen so zur Abkürzung der Lernkurve bedarfsweise für zukünftige Veränderungen zur weiteren Verfügung.

Das Vorgehen dabei ist wie folgt:

- Vorbereitung und Durchführen des Workshops „Lessons Learned"
- Vorbereiten und Durchführen des abschließenden Projekt-Lenkungsausschusses.

12 So organisieren Sie Ihr Projekt!

Folgende Projektorganisation hat sich bewährt:

- Projektlenkung: Vertreter des Managements sowie Projektleitung
- Projektleitung
- Projektteam
- Projektbegleitung

Die Aufgaben und Verantwortlichkeiten dieser Rollen werden weiter unten dargestellt.

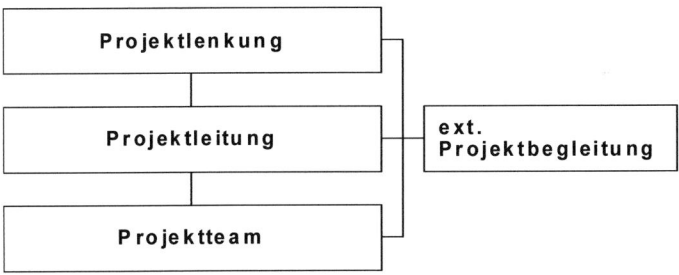

12.1 Projektlenkung

Die Projektlenkung überwacht den zeitlichen Verlauf des Projekts sowie die Qualität der abgenommenen Dokumente und Ergebnisse auf Meilensteinebene.

Die Aufgaben der Projektlenkung sind:

- Abstimmung und Abnahme / Freigabe der definierten Ziele und Maßnahmen

- Abstimmung und Abnahme der vorgeschlagenen Anpassung der Ablauf- und Aufbauorganisation und definierten zukünftigen Rollen
- Abstimmung und Abnahme der Change Prozess-Planung inklusive Kommunikationsplan (Roadmap)
- Durchführen des Startmeetings zur Mobilisierung und Einleitung der Umsetzungsphase = Transition
- Steuerung der Umsetzung des Change Programms

Die Projektlenkung (Gremium) tritt mindestens einmal im Monat zusammen. Außerordentliche Sitzungen können durch die Projektleitung jederzeit einberufen werden.

Die Projektleitung berichtet an die Projektlenkung und nimmt an allen Sitzungen des Gremiums teil.

Über jedes Treffen des Projektlenkungs-Gremiums erstellt die Projektleitung ein Protokoll. Protokollinhalte sind für den Projektablauf verbindlich.

Die Projektleitung erstellt Projektstatusberichte, um das Projektlenkungs-Gremium über den Projektverlauf zu informieren. Die Berichte werden dem Projektlenkungs-Gremium drei Arbeitstage vor dem Termin der Gremiums-Sitzung(en) zur Verfügung gestellt.

12.2 Projektleitung

Die Projektleitung führt das Projektteam. Zu den Aufgabengebieten der Projektleitung gehören die gesamtverantwortliche Projektplanung, die Projektsteuerung und das Berichtswesen.

Der Projektleiter ist berechtigt, termingerecht den Vertrag betreffende Entscheidungen herbeiführen.

Im Rahmen der Projektplanung werden von der Projektleitung folgende Dokumente erstellt:

- Projektplan
- Aktivitäten Plan
- Durchführungsplan
- Mitarbeitereinsatzplan
- Qualitätssicherungsplan
- Kommunikationsplan.

Die Festlegungen werden im Projekthandbuch dokumentiert und im Rahmen eines Projekt-Kickoffs gegenüber allen Projektmitarbeitern kommuniziert.

Die Projektleitung erstellt regelmäßig, d.h. monatlich, einen Projektstatusbericht. Empfänger sind die Mitglieder des Projektlenkungs-Gremiums sowie ggf. zusätzliche Mitglieder des Managements.

Der Projektstatusbericht informiert über

- den innerhalb des Berichtszeitraums erreichten Projektfortschritt
- den aktuellen Projektstand (fachlich, terminlich, Soll/Ist)
- innerhalb des Berichtszeitraums aufgetretene Probleme
- die für den nachfolgenden Berichtszeitraum geplanten Aktivitäten.

12.3 Projektteam

Es werden Projektmitarbeiter gewählt, die fachlich verantwortliche und mit der vertragsgegenständlichen Thematik vertraute Fachbereichsmitarbeiter sind und kompetent Auskunft geben und im Rahmen Ihres Verantwortungsbereiches Entscheidungen treffen können.

Es wird davon ausgegangen, dass die operativen Arbeiten weitgehend vom Kernteam getragen werden und dass das erweiterte Projektteam das Kernteam unterstützt im Rahmen der in den Projektmeetings zu vereinbarenden Aufgabenteilung und insbesondere die Entscheidungsvorbereitung für den Projektlenkungsausschuss trägt.

Das Projektteam wird gebildet aus dem:

* Kernteam und
* erweitertes Kernteam aus dem Kreise der Führungskräfte und Mitarbeiter.

12.4 Projektbegleitung

Die Aufgabe der (externen) Projektbegleitung ist das Vermitteln von methodisch-technischem Projektmanagementwissen und insbesondere der Unterstützung, die zwischenmenschlichen und organisatorischen Klippen im Projekt zu umschiffen.

Der Leitgedanke die Projektbegleitung ist Begleitung statt "Bestimmung", wobei neben dem Einbringen als Fachexperten für Geschäftsprozess Ziel- und Lösungsorientierung, somit der „harten" Faktoren, auch das „Steuern" der „weichen" Faktoren, d.h. des Veränderungsmanagement, wie die Sache auf den Punkt bringen, Anliegen konkretisieren, klare und offene Kommunikation zu unterstützen und fördern sowie Wertschätzung und Respekt im Projektteam sicherzustellen, eingebracht wird.

Im Bereich des Mentoring / Coaching können nach Anforderung Schwerpunkte gesetzt werden beispielsweise zur Zielfindung, Verstärkung der Führungsrolle, Stärken- & Schwächenanalysen, Verhandlungs- und Kommunikationstraining, Umgang mit Stressoren am Arbeitsplatz, Teambildung, Teamcoaching, etc. Anzumerken ist, dass bei einer Anforderung von Mentoring / Coaching zur Sicherstellung des Erfolges die Verpflichtung zur Einhaltung des strengen Vertraulichkeitsgrundsatz gilt, d.h. dass auch der „Auftraggeber" nicht von den Inhalten und Themen des Mentoring / Coaching informiert werden darf.

13 So lange dauert Ihr Projekt!

In den folgenden Kapiteln wird ein typisches Durchlaufzeitszenario aufgezeigt, wobei davon ausgegangen wird, dass nicht alle Geschäftsprozesse eines Unternehmens, sondern nur priorisierte Kerngeschäftsprozesse, optimiert werden.

Bei den Durchlaufzeitangaben wird davon ausgegangen, dass die notwendigen Mitarbeiter oder deren Vertreter im benötigten Ausmaß zur Verfügung stehen und Abstimmgespräche bzw. die Verabschiedung der Meilensteinergebnisse zügig erfolgt.

Aus unserer Erfahrung unterliegen die Durchlaufzeiten für Projekte zu Einführung neuer Prozessmodelle einer breiten Streuung abhängig vom Detaillierungsgrad der Geschäftsprozessanalyse und des damit verbundenen Abstimm- und Veränderungsbedarfes.

13.1 Durchlaufzeit in einem KMU

Das typische Durchlaufzeitszenario ist wie folgt:

Bezeichnung der Schritte	Durchlaufzeit KMU
Vorbereitung und Kickoff	2 bis 4 Wochen
Redesign	6 bis 12 Wochen
Readiness Check	3 bis 6 Wochen
Planung der Einführung Prozessmodell	6 bis 12 Wochen
Entscheidung Go/NoGo	2 bis 3 Wochen
Einführung bzw. Umsetzung (Transition)	12 bis 26 Wochen
Lessons Learned	1 bis 2 Wochen

13.2 Durchlaufzeit in einem Großunternehmen

Das typische Durchlaufzeitszenario ist wie folgt:

Bezeichnung der Schritte	Durchlaufzeit Großunternehmen
Vorbereitung und Kickoff	3 bis 6 Wochen
Redesign	12 bis 16 Wochen
Readiness Check	6 bis 8 Wochen
Planung der Einführung Prozessmodell	8 bis 16 Wochen
Entscheidung Go/NoGo	3 bis 4 Wochen
Einführung bzw. Umsetzung (Transition)	12 bis 36 Wochen
Lessons Learned	2 bis 3 Wochen

14 So erheben und modellieren Sie Ihre Geschäftsprozesse!

14.1 Vorgehen zur Erhebung .

Die Erhebung und Analyse von Geschäftsprozessen wird im Rahmen von Workshops vorgenommen.

Zur Eingrenzung des Workshop-Inhaltes dient die Geschäftsprozess Hierarchie, d.h. es werden im Vorfeld die betroffenen Haupt- oder Kernprozesse eruiert und die dazugehörigen Geschäftsprozessverantwortlichen werden eingeladen.

Für jeden der betroffenen Kernprozesse werden zuerst die dazugehörigen Geschäftsfälle ermittelt. Diese Geschäftsfälle werden dann sequentiell analysiert:

- Mengen (wie oft wird der Geschäftsprozess innerhalb eines Zeitintervalls z.B. Tag, Monat, Jahr angestoßen)
- Durchlauf- und Bearbeitungszeiten (Durchschnittswerte, Bandbreiten, d.h. Minimum- und Maximum Werte)
- Qualitätsparameter z.B. Fehlerraten
- Beteiligte Rollen (bzw. Stellen)
- Verwendete Anwendungen
- Besonderheiten des Elementarprozesses (werden in der Bemerkung abgelegt) - z.B. Sonderfälle und deren Behandlung

Die Analyseergebnisse werden in den Workshops erfasst und idealerweise (z.B. via Geschäftsprozessflussdiagramme) für die Beteiligten im Workshop sofort visualisiert bzw. in Matrixform dargestellt.

14.2 Vorgehen zu Modellierung

Bei der Geschäftsprozess Modellierung (engl.: Business Process Modelling) werden Geschäftsprozesse oder Ausschnitte daraus abstrahiert und meist grafisch dargestellt, und somit modelliert. Der Schwerpunkt liegt auf dem Darstellen des Ablaufs, aber auch die der Daten, Organisation und Verantwortlichkeiten.

Die Technik beim Redesign von Geschäftsprozessen, d.h. bei einer wirklichen Neugestaltung, welche sich an einer zukünftigen Unternehmensvision und Strategie orientiert besteht darin, in einem ersten Schritt die wesentlichsten Geschäftsprozessergebnisse, in einem zweiten Schritt die wesentlichen Auslöser (aus Kundensicht) zu ermitteln, zusammengehörige Kombinationen aus Auslösern und Ergebnissen zu bilden und beim Geschäftsprozessdesign den optimalen Geschäftsprozessfluss (Soll) zwischen diesen Auslöser-Ergebnis Kombinationen zu modellieren.

Da in der Praxis zumeist ein optimaler Soll-Geschäftsprozessfluss nicht sofort umsetzbar ist, werden zumeist Varianten für die Umsetzung gebildet, die dem Soll-Zustand mit den aktuellen Gegebenheiten möglichst nahe kommen (das Ziel ist in diesen Fällen bekannt und bereits beschrieben).

Bei der Einführung neuer bzw. optimierter Prozessmodelle erfolgt die Orientierung an den dokumentierten Ist-Geschäftsprozessen und den dazugehörigen Verbesserungs- bzw. Optimierungspotentialen, welche idealerweise bei der Analyse der Ist-Geschäftsprozesse gleich mit erhoben werden. Optimierungspotentiale sind Veränderungen von Geschäftsprozess Kennzahlen (Kosten, Zeit, Qualität), welche die Wettbewerbsfähigkeit des Unternehmens erhöhen.

Der Grad der Veränderung bei der Verbesserung bzw. Optimierung von Geschäftsprozessen ist im Regelfall ein wesentlich Geringerer als beim Redesign, aber für die am Geschäftsprozess Beteiligten oftmals leichter nachvollziehbar und umsetzbar.

Gröbere Veränderungen in der Unternehmensstrategie oder massivere Veränderungen bei Märkten und Kunden lassen sich zumeist nur durch Redesign in angemessener Zeit umsetzen.

Der Schlüssel zur Erreichung einer höheren Performance im Unternehmen in den Dimensionen

- Qualität,
- Zeiten, z.B. geringere Durchlaufzeiten und
- Kosten

liegt in der Implementierung optimierter Geschäftsprozesse, d.h. die im Unternehmen zu erledigenden Aufgaben werden überwiegend über Geschäftsprozesse organisiert, d.h. nicht „rein" über die Aufbauorganisation, d.h. Organisationseinheiten.

Die meisten Unternehmen haben auf der obersten Geschäftsprozess Hierarchieebene vergleichbare Hauptprozesse, wie z.B. Kundenservice, Vertrieb, etc. die sich oftmals nur in ganz wenigen Ausprägungen unterscheiden. Diese Ausprägungsunterschiede können aber den Ausschlag geben, ob es sich um Wettbewerbsvorteile handelt oder nicht.

15 So Steuern Sie die Veränderung

15.1 Einleitung

„Nichts ist beständiger als der Wandel". Bei der Studie der Literatur zum Veränderungsmanagement kam man an diesem Zitat nicht vorbei.

Je nach individuellem Management-Stil, der in einem großen Maß nicht veränderbar ist, aber auch je nach Zeitgeist, werden Veränderungsprozesse härter oder mitarbeiterfreundlicher durchgeführt. Viele Management-Konzepte stammen von externen Beratungsunternehmen, weshalb besonders in Zeiten des Kostendrucks die härteren Varianten Saison haben.

Nachdem es jedoch Unternehmen ohne Mitarbeiter - mit all ihren individuellen Bedürfnissen und Arbeitsstilen - nicht gibt, ist es naheliegend, diese sogenannten „weichen" Einflussfaktoren auf die Unternehmenskultur und damit letztlich auf den Unternehmenserfolg zu kennen und zum Wohl des gesamten Unternehmens zu beeinflussen.

Das individuelle Verhalten kann nur sehr schwer und nur langfristig beeinflusst werden. Das Verhalten von Gruppen ist jedoch leichter beeinflussbar und entspricht den natürlichen Strukturen - z.B. Abteilung - in einem Unternehmen. Voraussetzung für ein erfolgreiches Veränderungsmanagement ist daher die Realisierung von Managementkonzepten in Teams. Ein weiterer Grund, Gruppen zu beeinflussen, ist die Feststellung, dass eine Gruppe mehr ist als die Summe der einzelnen Mitglieder.

Jeder, der schon einmal als Initiator oder als Betroffener in eine Umstrukturierung eingebunden war, hat gesehen, wie lange es dauern kann, bis Maßnahmen greifen – wenn sie überhaupt greifen.

Untersuchungen haben gezeigt, dass 80% der angestrebten Veränderungsprozesse erfolglos waren, weil trotz der richtigen Strategie die Umsetzung, insbesondere die emotionalen Aspekte, sträflich vernachlässigt wurden.

Der betriebliche Wandel wirkt sich zwar auf Organisationsstrukturen aus – in den Köpfen der Beteiligten ändert sich jedoch nichts; alles bleibt beim Alten.

Um die Veränderungen erfolgreich zu gestalten und umzusetzen bedarf es eines definierten und gesteuerten Veränderungsprozesses.

Das Ändern von Strukturen und Geschäftsprozessen allein ist jedoch zu wenig. Im Zuge der Veränderung von Geschäftsprozessen zeigt sich als wesentlicher Faktor der Einfluss der beteiligten Personen, im Folgenden auch als „weiche" Faktoren bezeichnet.

Bei Veränderungsprozessen werden drei Mitarbeiter Gruppen unterschieden:

- Die erste Gruppe sind die „Enthusiastischen", die Veränderungen begrüßen und mit Engagement unterstützen.
- Die zweite Gruppe sind die „Zögerer", die nicht begeistert sind, aber den Prozess vorsichtig mittragen.
- Die dritte Gruppe sind schließlich die „Bremser", die Gegner von Reorganisation. Sie widersetzen sich passiv oder aktiv allem Neuen, weil sie Reorganisation nur als Nachteil und Bedrohung der eigenen Position begreifen.

Damit Projekte zur Einführung neuer Prozessmodelle erfolgreich sein können, hat der Veränderungsprozess, im Folgenden auch Change Prozess genannt, auch die weiteren „weichen" Faktoren wie Unternehmenswerte und Unternehmenskultur zu umfassen.

15.2 Management des Veränderungsprozesses

Ein Veränderungsprozess bedeutet eine bewusst herbeigeführte Veränderung, was auch ethische Fragen aufwerfen kann. Die möglichen Folgen eines derart durch das Change Management initiierten Entwicklungs- bzw. Veränderungsprozesses sind ebenfalls offen zu thematisieren. Jeder Change Prozess ist einmalig und anders und wird jedes Mal neu gestaltet. Dies bedeutet aber auch, den Change Prozess nicht genau vorhersagen zu können.

Im Zuge des Veränderungsprozesses ist ein wesentliches, zentrales Thema die Weiterentwicklung der internen und externen Kommunikations- und Informationsflüsse. Dazu empfiehlt sich ein eigenes Informations- und Kommunikationskonzept zu entwickeln, das die Abläufe zur Informationsbereitstellung und Kommunikationsmöglichkeit beschreibt.

Die folgenden Elemente und Bausteine zum **Readiness Check** sollen das unterstützen und steuern:

- **Kraftfeldanalyse**
  Ist das Erheben von Meinungen zur Veränderung als Input zum Design des Veränderungsprogramms
- **Umfeldanalyse**
  Unter Umfeldanalyse wird die Erhebung von steuernden und prägenden Faktoren der externen und der internen Strukturen verstanden.

- **Kommunikationsplan**
  Ist die Planung der Kommunikationswege im Verlauf der Umsetzungsmaßnahmen.

Die Schritte des Programms für den Veränderungsprozess, d.h. die Zusammenfassung der einzelnen Teilpläne bzw. Tasks zu einem sinnvollen Ganzen, wird als Transition Roadmap bezeichnet.

Die Transition Roadmap hat im Vorgehenskonzept eines Veränderungsprojektes die Funktion, die Ausrichtung, den gesamten Projektinhalt und -verlauf zu beschreiben und ist somit die Arbeitsgrundlage für den gesamten Veränderungsprozess. Die Roadmap ist ein „Vorgehensmodell" für die erfolgreiche Umsetzung der strategischen Ziele und soll die gefährliche Lücke zwischen strategischer Zielsetzung und operativer Umsetzung schließen helfen.

In der Umsetzungsphase = Transition sind Dynamik und Zielstrebigkeit das Kennzeichen. Der Change Prozess ist auf seinem Höhepunkt angelangt, hier passiert das Wesentliche. Während des Change Prozesses sind Rückkoppelungsschleifen wünschenswert. Es ist dabei zu prüfen, ob das Produzierte, das Ergebnis, mit den anfänglichen Wünschen, Visionen und Zielen übereinstimmt.

Während des Veränderungsprozesses sind **Rückkoppelungsprozesse** wünschenswert. Es ist dabei zu prüfen, ob das Produzierte, das Ergebnis, mit den anfänglichen Wünschen, Visionen und Zielen übereinstimmt.

Die folgenden Elemente und Bausteine zur Steuerung der Rückkoppelungsprozesse sollen das unterstützen und steuern:

- **Ambassador Programm**
  Mitarbeiter aus den betroffenen Fachbereichen tragen als Botschafter der Veränderung die Informationen der Veränderung an die einzelnen Mitarbeiter
- **Soundingboard**
  ist im Zuge der Umsetzung der „Resonanzboden" für die zustimmenden, mahnenden und kritischen Stimmungen und der Rahmen diese Meinungen geordnet und bearbeitbar zu äußern.

Dieser Prozess der Überprüfung ist ein fortwährender.

Wenn neue Unternehmensstrategien eine Geschäftsprozessveränderung zur Folge haben, hat das in der Regel auch Auswirkungen auf die Aufbau- und Ablauforganisation. Damit verbunden sind Änderungen von Rollen und damit meist auch eine Änderung der geforderten Skills der Mitarbeiter.

Im Rahmen des Veränderungsprozesses, wird von den Mitarbeitern sowohl Lern- als auch Änderungsbereitschaft unter Berücksichtigung der persönlichen Arbeitsumgebung und der spezifischen Rollen und Skills der Mitarbeiter gefordert. Deshalb wird seitens der Führungskräfte möglicherweise punktuell eine Potentialanalyse für einzelne betroffene Mitarbeiter durchzuführen sein. Der nächste Schritt ist dann die Planung von Schulungs- und Ausbildungsmaßnahmen für das erforderliche Re-Skilling.

Mit fast jeder Veränderung im Unternehmen treten Konflikte auf, und dies gilt nicht nur dann, wenn der Abbau von Arbeitsplätzen bevorsteht. Je einschneidender die Veränderungen, desto höher das Konfliktpotential. Eine Form des Konfliktmanagements in Unternehmen ist die Konfliktmoderation. Dabei versuchen die „Kontrahenten" unter Mithilfe von außen stehenden Vermittlern (den

Konfliktmoderatoren), ihre Konflikte zu lösen. Konfliktmoderation ermöglicht die Erarbeitung einer einvernehmlichen Lösung, die von beiden Seiten als Gewinn angesehen wird. Der Konfliktmoderator ist dabei jedoch lediglich für das Verfahren verantwortlich, inhaltlich lösen die Konfliktparteien den Konflikt selbst.

16 Externe Projektbegleitung ja oder nein

Im Zuge der Überlegungen vor dem Aufsetzen eines Geschäftsprozess Optimierungsprojektes stellt sich die Frage, dieses Projekt selbst durchzuführen oder sich dafür externe Unterstützung zu sichern.

Oft gehörte Argumente für die Durchführung ohne externe Unterstützung sind:

- „Das können wir alleine!"
- „Wir wissen wie das Geschäft läuft!"
- „Wir sind schon an der Grenze der Profitabilität und jetzt soll ein teurer Berater kommen."

Folgende Argumente für eine externe Projektbegleitung werden ebenfalls genannt:

- „Wir kommen alleine nicht weiter!"
- „Der Prophet im eigenen Land gilt nichts!"

Praktische Erfahrung aus zahlreichen Geschäftsprozessanalyse- und -optimierungsprojekten haben gezeigt, dass es nicht die mangelnde Leistungsbereitschaft der Führungskräfte und Mitarbeiter, nicht der Mangel an Änderungsbereitschaft oder auch methodischen Unsicherheiten sind, die den Erfolg in Frage stellen, vielmehr dominieren die zwischenmenschlichen und organisatorischen Fähigkeiten der Projektbeteiligten den Projekterfolg.

Aus diesem Grunde empfiehlt sich das Beiziehen externer Unterstützung, wobei angemerkt wird, dass der Erfolg stark beeinflusst wird durch einen Ziel führenden Beratungsansatz.

Ausgangspunkt dazu ist, dass der externe BeraterIn nicht die Rolle des Projektleiters erhält, sondern die einer „Projektbegleitung", welche im Folgenden skizziert wird.

Die Projektbegleitung fungiert bei der Einführung neuer Prozessmodelle als Geschäftsprozess und Veränderungsberater und Feedbackgeber, der den Führungskräften keine Verantwortung abnimmt. Die Projektbegleitung ist nicht der "Macher", da darin die große Gefahr besteht, dass der Auftraggeber, insbesondere die Führungskräfte, damit zu "Gemachten" degradiert werden könnten.

17 Was zählt ist die Praxistauglichkeit!

Die zwei Hauptzwecke eines Prozessmodells sind:

1. Es soll die Möglichkeit bieten, permanent den Realisierungsgrad einer festgelegten Geschäftsstrategie mit der Aufbau- und Ablauforganisation zu vergleichen, steuern und gegebenenfalls zu korrigieren.
2. Zweitens soll es dazu beitragen, dass Optimierungen zeitnah eingeleitet werden können.

Wenn ein Prozessmodell diese beiden Aufgaben erfüllt, können wir es als wirksam bezeichnen.

In der Praxis zeigt sich häufig folgendes Bild: Zwar pflegen gut ausgebildete Prozessmanager ihr Prozessmodell von Review zu Review, das Mittel- und Topmanagement hingegen nutzt die Möglichkeiten, die das Prozessmodell zur Unternehmenssteuerung bietet, bei weitem nicht aus. Häufige Ursache: Das System ist schlichtweg zu kompliziert.

Die Situation stellt sich ganz anders dar, wenn schon beim Aufbau des Systems die folgenden Erfolgsfaktoren berücksichtigt werden:

- Fokussierung auf das Wesentliche:
  Die Kernprozesse werden für alle betroffenen Personen verständlich beschrieben und gestaltet, d.h. die 80% der Regelprozesse wird klar beschriebe, die 20% der Sonderfälle wird bewusst nicht detailliert abgehandelt und nicht umgekehrt.
- Klare Verantwortung und Befugnisse:
  Das System regelt, wer welche Kompetenzen hat und wer für welche Prozesse und Teilprozesse verantwortlich ist.
- So wenig wie möglich und so viel wie nötig, d.h. dann ist das Prozessmodell ist praxisgerecht und organisationsspezifisch gestaltet.

Selbst wenn das Prozessmodell nach diesen Kriterien entwickelt wurde, wird es nur dann auf Dauer praktikabel bleiben, wenn die Prozesse fortan entwickelt und laufend adaptiert werden.

Dazu soll die folgende Toolbox helfen.

18 Ihre Toolbox zum effizienten Erheben, Optimieren und Einführen der Prozessmodelle!

18.1 Fragen zur SWOT-Analyse von Prozessmodellen

Fragen zur SWOT Analyse:

1. Sind die Geschäftsprozesse klar an der Strategie des Unternehmens ausgerichtet?
2. Wie ist die Bedeutung des Geschäftsprozesses für das Unternehmen, den Geschäftsbereich, für die Abteilung zu sehen?
3. Sind die "Kunden" (Empfänger) und deren wesentliche Erwartungen an die Geschäftsprozess Erhebung bekannt und dokumentiert?
4. Welche Probleme aus Sicht des Kunden liegen vor?
5. Welche Wünsche aus Sicht des Kunden bestehen?
6. Sind die "Lieferanten" (Sender) der Geschäftsprozess Eingaben bekannt und dokumentiert?
7. Sind die Schnittstellen zwischen den einzelnen Geschäftsprozessen geregelt und beschrieben?
8. Sind die kritischen Erfolgsfaktoren der einzelnen Geschäftsprozesse identifiziert und dokumentiert?
9. Gibt es für die einzelnen Geschäftsprozesse eindeutige Kennzahlen und Ziele für die Effektivität?
10. Gibt es für die einzelnen Geschäftsprozesse eindeutige Kennzahlen und Ziele für die Effizienz?
11. Werden die Geschäftsprozesse gemessen und die Ergebnisse auch visualisiert und analysiert?
12. Werden Methoden zur Geschäftsprozess Verbesserung systematisch angewandt?

13. Verfügt jeder Geschäftsprozess über eine(n) klare(n) Verantwortliche(n)?
14. Wer ist in welcher Form betroffen / beteiligt?
15. Ist jedem Mitarbeiter klar, in welchen Geschäftsprozessen er welche Aufgabe wahrzunehmen hat?
16. Sind die Geschäftsprozess Beschreibungen erforderlichen Arbeitshilfen zugeordnet und verständlich?

18.2 Prozessmodell Erhebung „W-Fragen"

Es sei hier eine sehr einfache und pragmatische Analysetechnik zur Erhebung des Prozessmodells vorgestellt:

- Geschäftsprozess:
  Welcher Prozess wird ausgeführt?
- Unternehmensziel:
  Was erreicht das Unternehmen mit diesem Geschäftsprozess?
- Organisation:
  Wer führt den Prozess aus?
- Standort:
  Wo wird der Prozess ausgeführt?
- Anwendung:
  Wie wird der Prozess ausgeführt?
- Daten:
  Welche Daten braucht der Prozess?
- Technologie:
  Welche Technologie unterstützt den Prozess?
- Optimierung:
  Welche Optimierungspotentiale gibt es?

18.3 Bewertung von Prozesszielen

Seitens der Geschäftsführung besteht der Bedarf an einer Optimierung einzelner Geschäftsprozesse mit der Zielsetzung:

- der Reduktion von Durchlaufzeiten
- Reduktion von doppelten Geschäftsprozessschritten bei der Übergabe von Tätigkeiten von einer Organisationseinheit zur anderen
- Reduktion von Geschäftsprozesskosten
- Reduktion von Fehlerquote in der Geschäftsprozess Durchführung.
- Zur Überprüfung jedes einzelnen Zieles hat sich die Methode „SMART" bewährt:
- Specific?
- Measurable?
- Achievable?
- Realistic?
- Time-related?

18.4 Beispiel Überblick Prozessmodell Industrieunternehmen

- Vertriebs- und Kundenmanagement
- Produktionsmanagement
- Einkaufsmanagement und Logistik
- Materialmanagement
- Instandhaltungsmanagement

Zusätzlich gibt es weitere Aufgaben, die der „Administration bzw. Selbstverwaltung" dienen oder gesetzlich auferlegt sind:

- Unternehmensplanung und Steuerung
- Personalmanagement
- Rechnungswesen und Controlling
- Informationsmanagement und Archivierung

18.5 Fragen zu Anforderungen an ein Prozessmodell

- Welche Anforderungen liegen vor?
- Welche Wünsche bestehen?
- Wer ist bisher beteiligt?
- Wer ist betroffen?
- Wer ist noch zu beteiligen?
- Wie ist die Bedeutung der Aufgabe für den Bereich, das Unternehmen, für das Projektteam zu sehen?
- Welche Einstellung haben die Beteiligten, das Unternehmen, das Projektteam der Aufgabe gegenüber?
- Welche Auswirkungen hat es, wenn die Anforderung nicht gelöst wird?
- Wie ist das Umfeld der Anforderung zu charakterisieren

18.6 Designprinzipien zur Gestaltung von Prozessmodellen

Im Laufe unserer Arbeiten kristallisierten sich einige „Designprinzipien" heraus, die mittlerweile als Best Practice bei der Gestaltung von Prozessmodellen gelten.

Die wesentlichsten sind:

- Strukturieren Sie die Arbeit rund um Geschäftsprozesse
- Reduzieren Sie die Fragmentierung der zu erledigenden Aufgaben
- Minimieren Sie den Bedarf an Koordination an den Nahtstellen
- Erzeugen Sie „Single points of Contact"
- Minimieren Sie die Kontrollen
  → Notwendigkeit versus Wirtschaftlichkeit!)

- Minimieren Sie die Abweichungen
  →machen Sie am Anfang möglichst alles richtig bzw.
  →lassen Sie sich möglichst viel richtig anliefern)

18.7 Kriterien zur Qualitätssicherung von Prozessmodellen

- **Vollständig:**
  alle Anforderungen müssen explizit beschrieben sein;
  eindeutig definiert / abgegrenzt:
- **atomar:**
  es darf nur eine Anforderung pro Schritt beschrieben sein.
- **identifizierbar:**
  jede Anforderung muss eindeutig identifizierbar sein
- **verständlich und einheitlich dokumentiert**
- **notwendig:**
  gesetzliche Vorschriften sind unabdingbar.
- **nachprüfbar:**
  d.h. mit Abnahmekriterien verknüpft zur Ableitung von Testfällen.
- **konsistent:**
  d.h. ob die definierten Anforderungen untereinander widerspruchsfrei sind.
- **machbar:**
  die Anforderungen müssen realisierbar sein.
- **priorisiert:**
  es muss erkennbar sein, welche Anforderungen am wichtigsten sind, z.B. über eine Quantifizierung der Funktionszweige.
- **nutzbar, nützlich:**
  auch bei teilweiser Realisierung soll bereits ein produktives System entstehen.

18.8 Inhalte der Geschäftsprozess Beschreibung

Die Inhalte der verbalen Geschäftsprozess Beschreibung sind:

- Hauptgeschäftsprozess Name
- Geschäftsprozessname
- Ziele
- Vorgängerprozess
- Auslöser (Aktivität, Termin)
- Geschäftsprozess Beschreibung
- Nachfolgerprozess
- Input (Formulare, Dateien, Listen, etc.)
- Output (Formulare, Dateien, Listen, etc.)
- Beilagen
- Dokumentenhistorie
- Verfasser

Im Folgenden wird am Beispiel des Geschäftsprozesses „Gefahrengut bearbeiten" das Muster mit Inhalten befüllt.

18.9 Beispiel Beschreibung Geschäftsprozess „Gefahrengut bearbeiten"

Hauptgeschäftsprozess: **LAGERWIRTSCHAFT**

Geschäftsprozess; Gefahrengut Bearbeitung

Ziele:

- Gesetzeskonformer Umgang mit gefährlichen Gütern

Vorgängerprozess:

- Einlagerung

Auslösendes Ereignis (Aktivität, Termin):
- Einlagerung, Kundenauftrag

Geschäftsprozess Beschreibung:

Die Ware wird getrennt gelagert und zum Versand bereitgestellt. Es erfolgen Kontrollen auf Kennzeichnung der Ware, Verpackungsauflagen und Begleitpapiere. Die vorgeschriebenen Lenkerinformationen werden erteilt, sowie das Fahrzeug kontrolliert. Freigrenzen werden kontrolliert.

Nachfolgerprozess:

- Auslagerung, Transport

Input (Formulare, Dateien, Listen, etc.)

- Artikelstammdaten, Warenbegleitscheine, Sicherheitsdatenblätter...

Ergebnis:

- Versandbereitstellung der Ware und gedruckter Lieferschein und Begleitpapiere

Output (Formulare, Dateien, Listen, etc.)
- Lieferschein u. Begleitpapiere

Beilagen: - keine

Dokumentenhistorie:

- Erstfassung durch NN am 05.11.14

- Genehmigt durch NN am 07.11.14

Verfasser: NN

18.10 Vorlage grafische Darstellung Geschäftsprozess Auslöser & Ergebnis

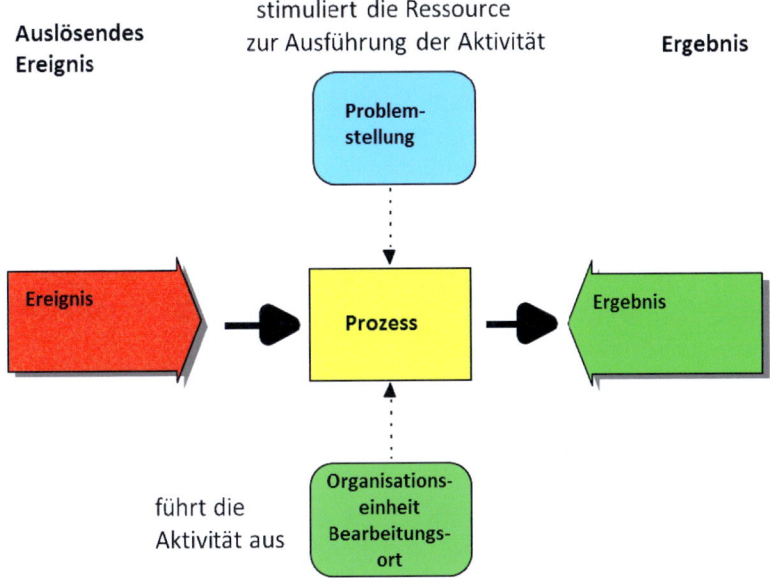

18.11 Ansatzpunkte zur Optimierung von Prozessmodellen

Bei der Verbesserung und Optimierung von Prozessmodellen erfolgt die Orientierung an den bestehenden Ist-Prozessmodellen.

Die folgenden Ansatzpunkte dienen dazu, möglichst schnell und sicher, Verbesserungs- und Optimierungspotentiale zu entdecken und diese in den Prozessmodellen umzusetzen.

Ansatzpunkte für Optimierungen sind:

- Gleicher Geschäftsprozess wird von mehreren Stellen durchgeführt (Duplizierung von Aufgaben)
- Ergebnisse von Geschäftsprozessen liefern gegenüber Kunde weder direkt noch indirekt einen Mehrwert (z.B. historisch gewachsene Kontrollmaßnahmen, welche durch die Einführung neuer Technologien schon längst überholt sind, aber noch immer angewandt werden)
- Zu hohe Fragmentierung der Geschäftsprozesse (Zusammenhang geht verloren)
- Ungeeignete Service Levels des Geschäftsprozesses (unter- oder auch überorganisiert)
- Geschäftsprozessfluss
- Zahlreiche Geschäftsprozessunterbrechungen
- Inflexibilität bezüglich Änderung im Umfeld des Geschäftsprozesses
- Geschäftsprozessfluss mit zahlreichen beteiligten Stellen und zahlreichen Schnittstellen und Systembrüchen (z.B. Bereichs-, Abteilungsgrenzen)
- Hohe Wartezeiten (Verhältnis Durchlaufzeit und Bearbeitungszeit)
- Fehlerraten mit hohen Kosten durch notwendige Nacharbeit
- Organisation
- Spezialisten führen auch Standardaufgaben durch und werden nicht nur in Spezialfällen angefordert
- Zahlreiche „Workarounds", welche manuelle Mehrarbeit erfordern, sind notwendig
- Organisationsformen werden aufgrund von Systemgrenzen gestaltet (Organisation orientiert sich stark an den Einschränkungen von Technologie und Anwendungen)
- Zu geringe Kompetenzen (z.B. verursachen hohe Fehlerraten)

- Technologie
- Verwendung von Batch-Processing in echtzeit-kritischen Geschäftsprozessen
- Heterogene Systemlandschaft mit wenigen Schnittstellen (Mehrfacherfassung von Daten und notwendige Abstimmroutinen bzw. manuelle Abstimmvorgänge).

18.12 Checkliste zur Klärung von Problemen

- Was ist das Problem?
- Was ist nicht das Problem?
- Warum besteht dieses Problem?
- Was ist die „Zielsetzung" des Problems?
- Wer ist von dem Problem und seinen Auswirkungen direkt oder indirekt betroffen?
- Wer ist vom Problem nicht betroffen?
- Womit bewältigen Sie aktuell das Problem (Richtlinien, Verfahren, Dokumente, IT-Applikationen, Aushilfskräfte, ...)?
- Wo im Geschäftsprozess (Prozessschritt, Objekt) tritt das Problem auf?
- Wie kann das Problem beseitigt werden?
- Welches sind die Anforderungen in die Problemlösung (Prioritäten, Kosten, etc.)?

19 Anhang

19.1 Grundlegende Begriffe

Im Rahmen dieses Kapitels werden grundlegende Begriffe beschrieben:

Geschäftsprozess:

Ein Geschäftsprozess ist die Maßnahmenkette, die als Reaktion auf bestimmte Ereignisse, zur Umwandlung von Input zu Output oder zur Erzeugung bestimmter Ergebnisse führt. Ein Geschäftsprozess kann Organisationseinheiten übergreifend sein.

Geschäftsprozess Optimierung:

Dabei handelt es sich um die schrittweise Verbesserung eines Geschäftsprozesses oder von Teilen eines Geschäftsprozesses. Die Geschäftsprozess Optimierung beginnt mit einer Analyse des bisherigen Geschäftsprozesses, die Ansatzpunkte für Verbesserungen liefert. Im Anschluss daran werden Änderungen zur Verbesserung der Performance ausgearbeitet.

Geschäftsprozess Reengineering:

Damit wird die Einführung eines völlig neuen oder wesentlich umgestalteten Geschäftsprozesses anstelle des bis dahin verwendeten bezeichnet. Der Geschäftsprozess wird dabei noch einmal von Grund auf überdacht und strukturiert.

Kontinuierliche Geschäftsprozess Verbesserung:

Ist eine schrittweise Geschäftsprozess Änderung, die laufend durchgeführt wird. Diese Art der Veränderung ist oft Teil eines Total Quality Management (TQM)-Programms.

Projektmanagement:

Es befasst sich mit Planung, Mitarbeiterplanung und -ausstattung, Überwachung, Steuerung und Abschluss bei geschäftlichem Wandel und Entwicklungsleistungen. Es wendet Managementfertigkeiten an, um Zeitpläne, Kosten, Risiken, Konfigurationen und Qualität zu kontrollieren und damit sicherzustellen, dass das Projekt die erwarteten Ergebnisse bringt.

Prozessmodell:

Prozessmodelle sind zweckorientierte, nach einer bestimmten Systematik und Darstellungsform erstellte Darstellungen von Geschäftsprozessen. Diese Modelle spiegeln die zeitlich-sachlogische Abfolge der betrachteten Prozessschritte wider. Prozessmodelle dienen der Dokumentation, Analyse und Gestaltung von Geschäftsprozessen, als Grundlage für die automatisierte Bearbeitung, d.h. Workflow-Management, sowie zur Unterstützung der Kommunikation über Geschäftsprozesse.

Soft Skills

Unter Soft Skills, d.h. weiche Fähigkeiten, wird das „Wissen um den Umgang mit Menschen und Entscheidungen" verstanden. Es sind jene unverzichtbaren Fähigkeiten jedes Mitarbeiters, die nicht durch Zeugnisse und Urkunden belegt werden können, sondern bereits bei der Bewerbung so gut als möglich überprüft werden müssen. Dies erfolgt üblicherweise bei einem Bewerbungsgespräch oder auch mittels Assessment-Center.

Veränderungsmanagement:

Unter Veränderungsmanagement (englisch Organisational Change Management) werden alle Aufgaben, Maßnahmen und Tätigkeiten subsumiert, die eine umfassende, bereichsübergreifende und inhaltlich weit reichende Veränderung - zur Umsetzung von neuen Strategien, Strukturen, Systemen, Prozessen oder Verhaltensweisen - in einer Organisation bewirken sollen.

19.2 Literaturverzeichnis

Brunner-Salten R.: Handbuch Public Change Management. Verlag Lang Peter, Frankfurt (2003)

Doppler, K.; Lauterburg, C.: Change Management. Campus, Frankfurt (2002)

Hammer M.; James Champy J.: Reengineering the Corporation - A Manifest for Business Revolution. Harper Collins Publishers, New York, (1993)

Kaplan, Robert S.; Norton David P.; Horváth P.; Kuhn-Würfel B.: Balanced Scorecard: Strategien erfolgreich umsetzen. Schäffer-Poeschel (1997)

Königswieser R.; Exner A.: Systemische Intervention. Architekturen und Designs für Berater und Veränderungsmanager. Schäffer-Poeschel Stuttgart (2013)

Mintzberg H.; Ahlstrand B.; Lampel S. :Strategy Safari: Der Wegweiser durch den Dschungel des strategischen Managements. Finanz-Buch (2012)

Osterhold, G.: Veränderungsmanagement, Wege zum langfristigen Unternehmenserfolg. Gabler, Wiesbaden (2002)

Osterloh, M.; Frost, J.: Geschäftsprozessmanagement als Kernkompetenz. Wie Sie Business Reengineering strategisch nutzen können. Gabler, Wiesbaden (2000)

Osterloh, M.; Wübker, S.: Wettbewerbsfähiger durch Geschäftsprozess- und Wissensmanagement. Mit Chancengleichheit auf Erfolgskurs. Gabler, Wiesbaden (1999)

Porter M.: Wettbewerbsvorteile (Competitive Advantage): Spitzenleistungen erreichen und behaupten. Campus (1999)

Schmelzer, H.J.; Sesselmann, W.: Geschäftsprozessmanagement in der Praxis. Kunden zufrieden stellen. Produktivität steigern. Wert erhöhen. Carl Hanser (2000)